D1829009

Anne Pieper

Filzen wie ein Künstler

Blumen-Design • Miró-Stil • Ethno-Look • Musterspiele

OZ creativ

Anne Pieper ist diplomierte Objekt-Designerin und bastelt schon ihr ganzes Leben lang mit verschiedenen Materialien

VORWORT

Liebe Leserinnen, liebe Leser,

sind das nicht richtig schöne Filzbilder? Und das Tollste daran: Fast alle sind einfach nachzuarbeiten. Auch wenn Ihre Lieben protestieren, belegen Sie den Küchentisch und los geht's! Im Sommer kann man auch schön draußen arbeiten, die Seifenlauge schadet dem Gras nicht.

Sind Sie erst einmal vom Filzfieber angesteckt worden, möchten Sie vielleicht nach eigenen Ideen filzen: In Museen und auf Kunsthandwerkermärkten gibt es viele Exponate, die mit ihren Formen, Mustern und Farben Anregungen für Ihre Entwürfe geben können. Nicht nur textile Kunst, auch ein gemaltes Bild, ein Tapetenmuster, Keramik oder Holz, Geflochtenes und Geschnittenes können zu eigenen Kreationen anregen.

Lose gewebte Stoffe, Spitze und Wollgarn können übrigens hervorragend eingefilzt werden.

Viel Spaß und gute Ideen im Dutzend wünscht

INHALT

◆ = *einfach* ◆◆ = *mittel* ◆◆◆ = *anspruchsvoll*

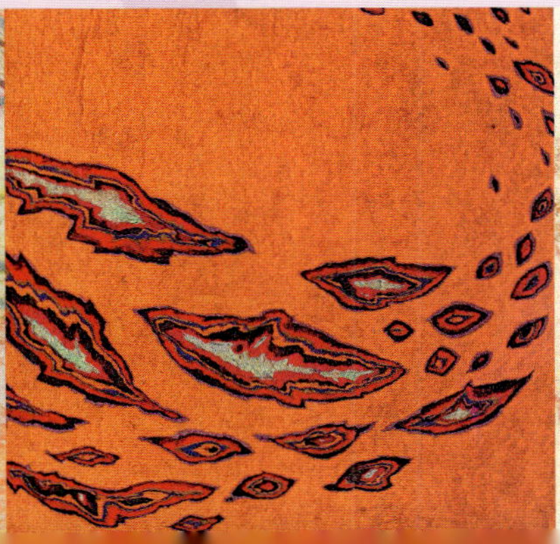

Materialkunde und Technik

1

2

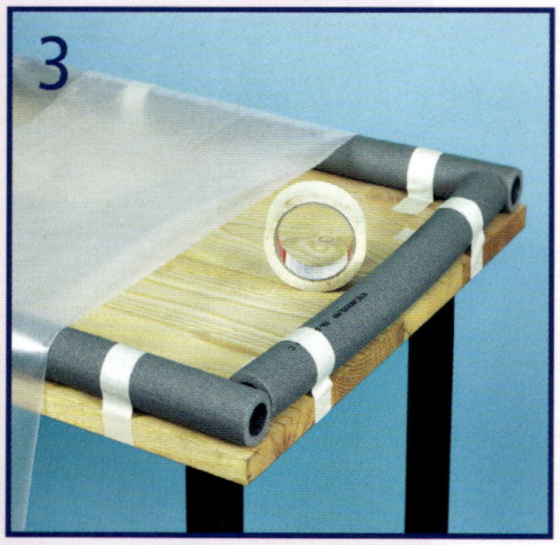
3

4

Die Wolle

In diesem Buch wird mit Merinowolle gefilzt. Diese eignet sich am besten zum Filzen. Sie ist sehr fein, langfaserig und leicht gekräuselt, sie filzt schnell und gut. Es wurden verschiedene Wollen verarbeitet: Wolle im Strang, ungekämmt als Kardenband oder gekämmt als Kammzug (Abb. 1). Die Fasern im Kammzug sind länger und liegen parallel und glatt, so dass man die Flocken sehr gleichmäßig zupfen kann. Bei Wolle im Vlies (Vorstufe vom Kardenband) liegen die Wollfasern schon in eine Richtung gekämmt übereinander und müssen nicht mehr gezupft werden. Besonders einfach filzt der Kreuzpelzflor, dort liegen die Wollschichten bereits im Kreuz. Er ist teurer als Wollvlies, spart aber Zeit, denn er wird nur noch auf das gewünschte Maß geschnitten.

Warum filzt Wolle und wie?

Jede Wollfaser wird von Epidermisschuppen umhüllt. Durch Wärme und Feuchtigkeit klappen die Schuppen auf, durch Bewegung (Reiben und Walken) verzahnen sie miteinander, so dass ein Filz entsteht. Die Verzahnung wird durch das kreuzweise Auslegen der Wollbüschel unterstützt, als Beschleuniger dient Seife. In der Seifenlauge quellen die Fasern stärker auf als in gewöhnlichem Wasser. Die Seife gibt der Wolle eine fettige Oberfläche, auf der die Finger beim Reiben leichter gleiten können.
Wenn der Filz sich zu verfestigen beginnt, wird er zunehmend stärker bearbeitet und zuletzt kräftig gewalkt. Dadurch schrumpft er und wird sehr fest.
Beim Filzen schrumpft die flauschig ausgelegte Wolle um etwa ein Drittel. Je mehr die Wolle bearbeitet wird, desto mehr schrumpft sie und umso fester wird der Filz. Er ist fertig, wenn er sich fest anfühlt, keine Fasern mehr herausgezogen werden können und die Fasern der unteren Wollschichten die der oberen durchdrungen haben. Ist der Filz zu lose, wird er abfusseln und die Form verlieren. Dies ist auf Abb. 2 gut zu sehen, das Teil ist noch nicht fest, die Wolle lässt sich herauszupfen.

Der Arbeitsplatz

Der Tisch sollte wasserabweisend und stabil sein.
Um die Tischkanten wannenartig zu erhöhen, werden Isoschalen oder Zeitungspapierrollen mit Kreppband am Tischrand befestigt. Anschließend wird der Tisch mit stabiler Folie, z. B. Baufolie, abgedeckt (Abb. 3).
Auf dem Herd werden Lauge und Wasser erhitzt.

Das Grundmaterial

- **Kochtopf, Olivenseife (hautfreundlich) oder Schmierseife mit Olivenöl sowie Esslöffel, Schneebesen und Reibe** zur Zubereitung der Lauge (Abb. 4)
- **Handfeger** (möglichst mit Naturborsten) zum Besprenkeln der Wolle mit Lauge
- **2 Schüsseln**, die abwechselnd verwendet werden, damit stets heißes Wasser auf dem Tisch steht
- **Schere** zum Begradigen von Kanten und vielem mehr
- **Filznadeln** für Korrekturen und dicker **Industriefilz** als Unterlage
- **Handtücher, Lappen, Mullwindeln** zum Walken, Aufsaugen von Wasserpfützen und als Unterlage
- **2 Noppenfolien**, je ca.1,50 x 2 m, d. h. mind. Bildgröße mit 10 cm Zugabe, als Unterlage zum Filzen
- **sehr dünne Folie**, z. B. Mülltüte, für das Anfilzen
- **Essigessenz**, ein Spritzer in klares Wasser, zum Ausspülen des Filzes
- **Dampfbügeleisen**
- **Futterseide oder glatter Stoff in der Größe des geplanten Bildes, Bambusrollo, Holzpfahl oder Metallrohr, ca. 120 cm, Gummiringe oder Bänder** für die Rolltechnik (angefeuchteten Pfahl in dünne Mülltüten wickeln)

Die Lauge

1 Liter heißes Wasser, gerade noch handtauglich, mit 1 Esslöffel Olivenseife oder mit Schmierseife und 1 Esslöffel Olivenöl vermischen.

Wolle auslegen

Bei den meisten Bildern liegt unter dem Bild eine Trägerschicht aus Wollvlies oder Kreuzpelzflor (s. Grundkurs 4, Seite 10). Darauf wird das eigentliche Bild als Deckschicht aufgelegt. Diese kann komplett oder Schicht für Schicht ausgelegt und gefilzt werden. Dazu immer nur ein bis zwei Lagen Wolle auslegen, nässen, unter Folie glatt streichen, bis das Bild die gewünschte Stärke hat. So wird der Filz sehr gleichmäßig und die Lagen verrutschen nicht.

WICHTIG

Die Wolle nur mit trockenen Händen aus dem Vorrat nehmen und auslegen. Wird die Wolle nass, lässt sie sich nicht mehr feinfaserig legen.
Die Wolle muss beim Filzen immer warm gehalten werden. Wird die Lauge kalt, dauert das Filzen ewig. Die Wolle darf nicht im Wasser schwimmen!

Entwässern

Das Werkstück muss immer wieder entwässert werden, die Wolle kann sonst nicht filzen. Solange der Filz noch nicht fest ist, immer dünne Folie auflegen, das Wasser ausdrücken und seitlich mit Lappen aufsaugen oder Handtücher auflegen, andrücken, abnehmen, auswringen und auch um das Werkstück herum immer Handtücher auslegen. Filz kann auch mit dünner Folie aufgerollt und vorsichtig über einer Schüssel ausgedrückt werden (Abb. A). Nur drücken, nicht wringen, sonst verrutschen die Muster. Beim Ausdrücken von jemandem helfen lassen.
Ist der Filz schon etwas fester, wird er zu einem Päckchen gefaltet. Einen Rost über eine große Schüssel oder ein tiefes Backblech legen und die Lauge ausdrücken (Abb. B). Verrutschen oder lösen sich beim Ausdrücken Fasern, diese mit seifigen Händen wieder anstreichen. Beim fertigen Filz kann mit Kraft gedrückt werden.

a

Auswaschen und Bügeln

Das Filzbild auswaschen. Wird das Wasser nicht mehr milchig, Essigessenz zugeben (ca. 1 Teelöffel pro 1 Liter Wasser). Gut ausdrücken, nicht schleudern oder wringen! Trockenes Bild mit Dampf auf Baumwollstufe bügeln.

Pannenhilfe

Die Wollfasern bleiben an den Fingern hängen:
Mehr Seife ins Wasser geben oder alles erst einmal unter dünner Folie reiben.
Die Oberfläche ist hügelig:
Mit mehr gleichmäßigem Druck filzen.
Löcher, durchscheinende Stellen:
Wolle auslegen, wenige Fasern über die Umgebung, aber üppig kreuz und quer über die dünne Stelle legen. Wolle nässen, dünne Folie auflegen, anfilzen, anschließend weiterarbeiten. Ist der Filzprozess schon zu weit fortgeschritten, kann die Fläche vorab mit einer Drahtbürste angeraut werden.
Das Vorfilzmotiv ist ohne Kontur:
Der Vorfilz war zu dünn. Als Unterlage ein Stück dicken Filz oder Schaumgummi unter das trockene Bild legen. Mit einer Filznadel feine Stränge farblich passender Wolle einarbeiten (Abb. a). Nass filzen, bis die Oberfläche einheitlich ist.
Schiefes Werkstück:
Die Wolle schrumpft stets in Reiberichtung. Hat sich das Werkstück verzogen, kann es durch Reiben oder Rollen korrigiert werden. Ist zum Beispiel die rechte Seite zu breit (Abb. C), das Werkstück in ein Tuch einrollen und mit sehr heißem Wasser besprengen. Nun ausschließlich die rechte Seite des Filzes mit Druck rollen (Abb. D), sie schrumpft jetzt schnell. Es kann auch gerieben werden, das dauert jedoch viel länger.

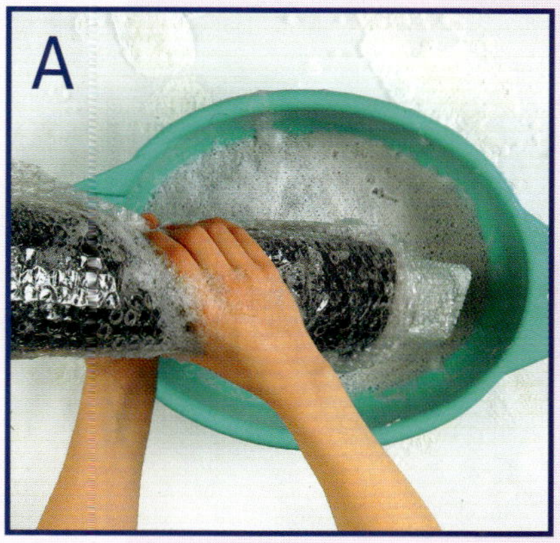
A

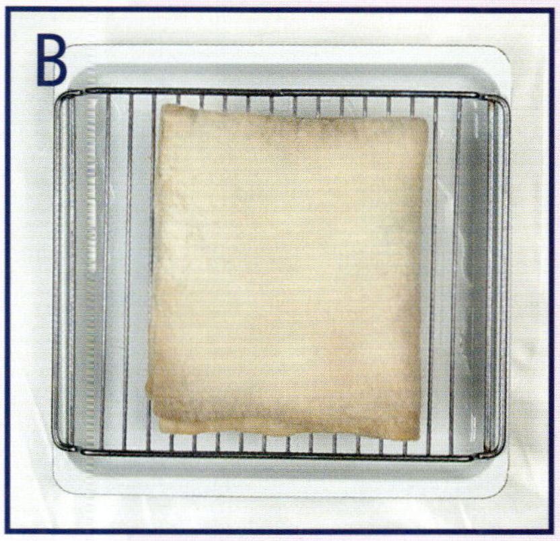
B

C

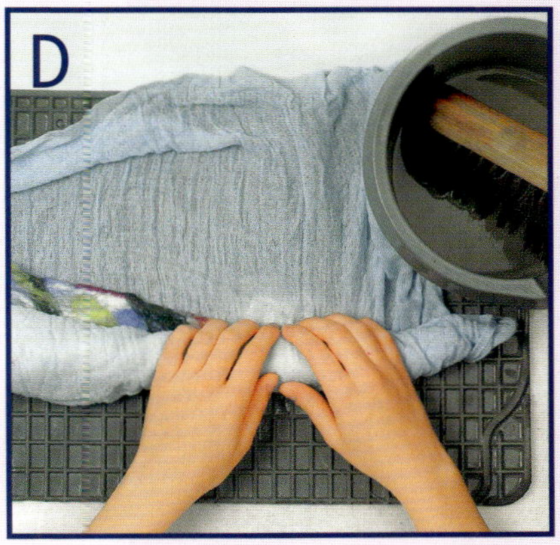
D

Reibetechnik

1

2

3
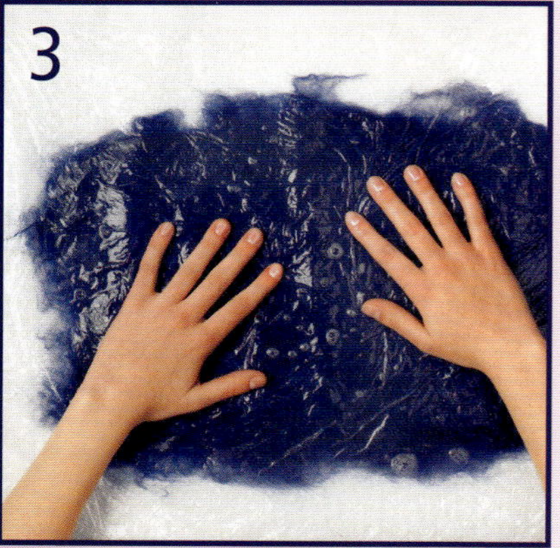

Auslegen und Anfilzen sind die Basis des Filzens, diesen Grundkurs also unbedingt genau durchlesen. (Als Unterlage Noppenfolie verwenden.)

1. Vom Wollstrang Wollflocken abreißen, gleichmäßig in eine Reihe legen. Die folgende Reihe dachziegelartig anschließen. Die nächste Schicht quer zur ersten auslegen usf. Je gleichmäßiger die Wolle ausgelegt wird, desto gleichmäßiger wird der Filz.

2. Mit dem Handfeger gleichmäßig heiße Lauge auf die Wolle sprengen, bis diese in sich zusammenfällt.

3. Dünne Folie darüber breiten, damit Fasern und ausgelegte Muster nicht durch zu grobe Bewegungen verrutschen. Die Folie anfeuchten, Lauge und Lufteinschlüsse ausstreichen. Die Wolle sanft kreisend ein bis drei Minuten reiben, bis sie beginnt, sich zu verfestigen (Vorfilz).

4. Dünne Folie abnehmen. Eine Noppenfolie auflegen, mit der Matte wenden. Die Matte abnehmen. Die Randfasern mit der Folie zur Mitte hin klappen. Unter der umgeklappten Folie etwas anreiben. Folie zurückklappen, Rand reibend verfestigen. An allen Seiten gleichermaßen vorgehen. Die Kanten sind nun gerade und durch die umgeklappten Fasern verstärkt.

5. Nun ist die letzte Möglichkeit, noch ein Muster aufzulegen, mit Lauge besprengen. Von nun an mit kochend heißer Lauge arbeiten, sie mischt sich mit der erkaltenden Lauge im Filz. Unter Folie anfilzen, bis sich die Fasern leicht verfestigen. Ohne Folie weiterarbeiten. Erst sanft, dann kräftiger reiben. Vom Rand zur Mitte hin arbeiten, damit sich das Werkstück nicht ausdehnt. Unter zunehmendem Druck eine halbe Stunde kreisend filzen.

6. Damit das Werkstück gleichmäßig schrumpft, fest in ein Handtuch einrollen, am besten einen Pfahl mit einrollen. Mit wenig sehr heißem Wasser besprengen. Auf einer Matte, einem Bambusrollo oder feuchten Tuch unter gleichmäßigem leichtem Druck hin- und herrollen.

7. Die Rolle immer wieder öffnen, das Werkstück drehen und in Form ziehen, von allen Seiten rollen. Kanten evtl. schneiden. Seife auf die Kanten geben, Finger darüber schieben, so wird der Rand fest und rund. Kurz überwalken.

4
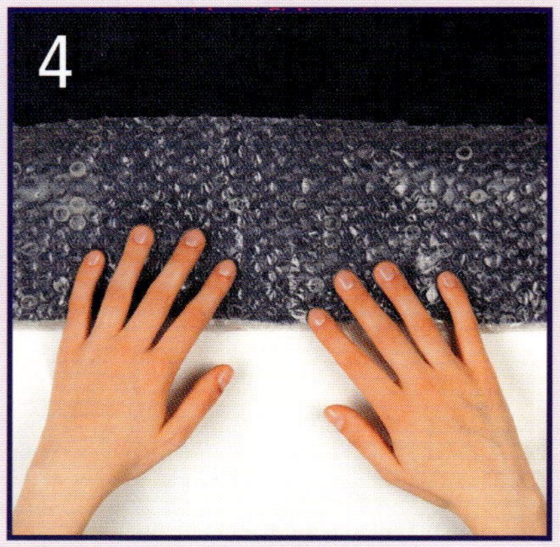

5

6
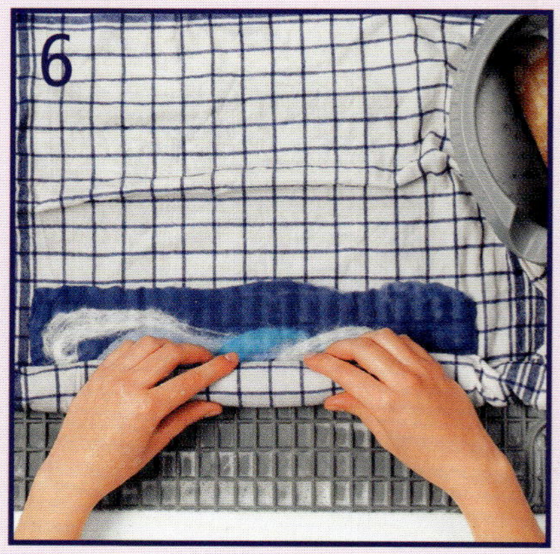

7

WICHTIG

Zu Beginn darf die Wolle nur mit ganz leichter Hand zart massiert werden. Das geht am besten unter dünner Folie.

Rolltechnik

Grundkurs 2

1

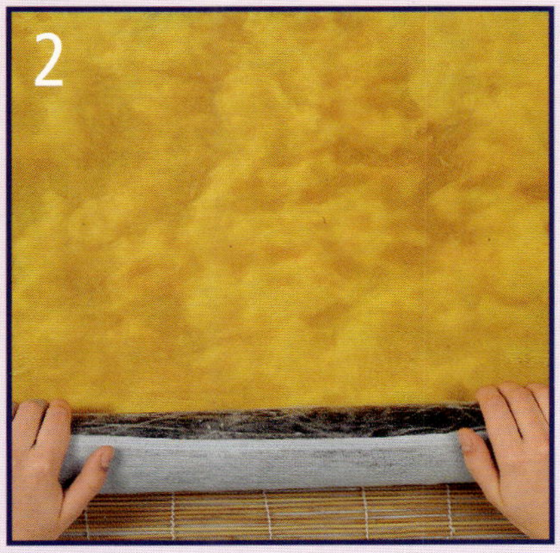
2

Beim Rollen schrumpft der Filz weniger, gleichmäßiger und wird glatter.

1. Rollo und Tuch (Futterseide) ausbreiten, leicht anfeuchten. Wollvlies auflegen, mit sehr heißer Lauge besprengen. Nicht schwimmen lassen, sonst lässt sich die Wolle schlecht aufrollen und wirft Falten!
2. Pfahl auf die Wollfläche legen, nicht auf die Unterlage davor, sonst verschiebt sich die Wolle. Tuch und Pfahl eng zu einer Rolle aufwickeln, mit Gummis fixieren.
3. Etwa fünf bis zehn Minuten rollen. Die Rolle fühlt sich nun schlaffer an, Luft und Wasser sind entwichen, die Wolle ist etwas geschrumpft. Hat sich die Wolle dabei mit dem Tuch verbunden, lässt sich das leicht wieder lösen. Falten ausziehen. Muster auf ihre Lage kontrollieren, dünne Stellen überarbeiten (siehe Pannenhilfe, Seite 7). Die Rolle immer wieder öffnen, kontrollieren und wenden. Jedes Mal etwas heiße Lauge aufsprenkeln. Rolle von allen Seiten aufrollen. Kanten evtl. nachschneiden und überfilzen.

3

HINWEIS

Zwischen jedem Rollen die Ränder ausbessern: Einbuchtungen ausziehen, ausladende Wolle einreiben. Bild mit Muster nach innen einrollen, dort wird die Oberfläche glatter.

Grundkurs 3

Aufhängung

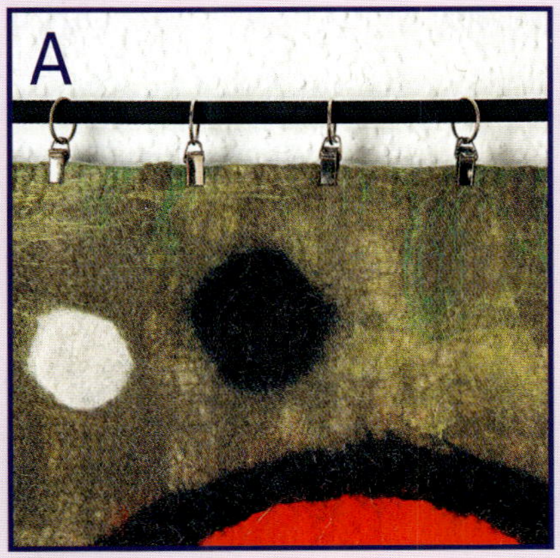
A

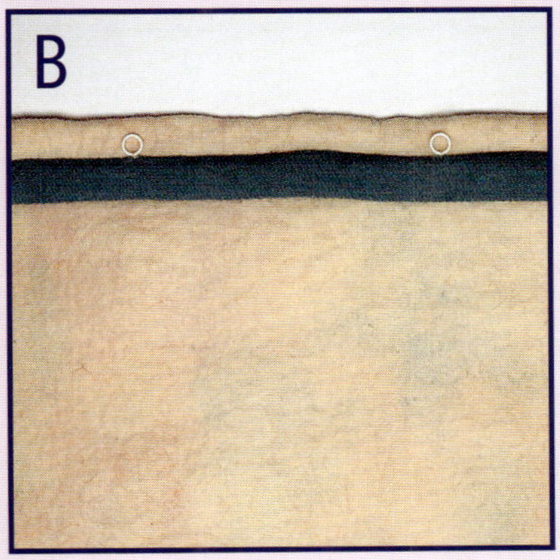
B

Für die Aufhängung bieten sich verschiedene Möglichkeiten.

A. Klemmringe anbringen und auf eine Stange schieben. Sehr dünnen Filz zuvor verstärken, dazu die Rückseite mit Bügelvlieseline versteifen, ringsum einen Streifen von ca. 1 cm freilassen.
B. Für einen Tunnel einen Stoffstreifen mit 2 cm Abstand zur Oberkante rückseitig annähen. Eine Holzleiste auf Bildbreite sägen und einschieben. Seitennähte schließen. Kunststoffringe oben annähen, sie hängen später auf kleinen Nägeln.
C. Filzen (Grundkurs 1, 1 bis 4), Folie abnehmen, Randfasern mit der Folie an drei Seiten umschlagen. Für den Tunnel eine Folienschablone (3 cm x Bildbreite plus 20 cm) auflegen und diesen darüber klappen, mit feinen Wollflocken abdecken. Fertig filzen, Schablone entfernen.

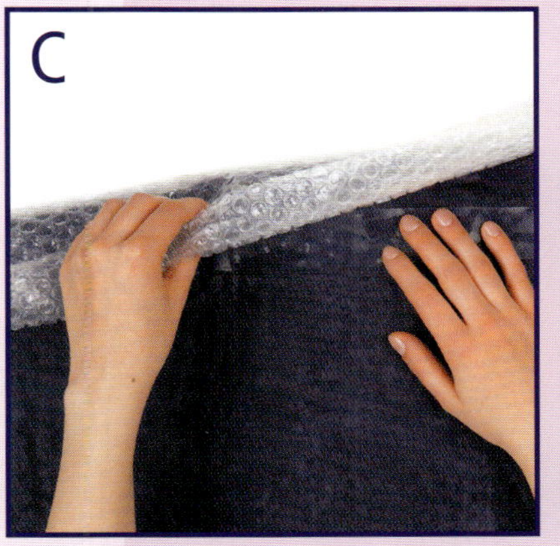
C

TIPP

Hartfaserplatte auf Bildgröße zuschneiden, Bild mit doppelseitigem Klebeband anbringen. Weitere Aufhängungsmöglichkeiten: lüstrierte Kordel (Seite 18/19), Juteschnur (Seite 40/41) und Ösen (Seite 44/45).

Vlies auslegen

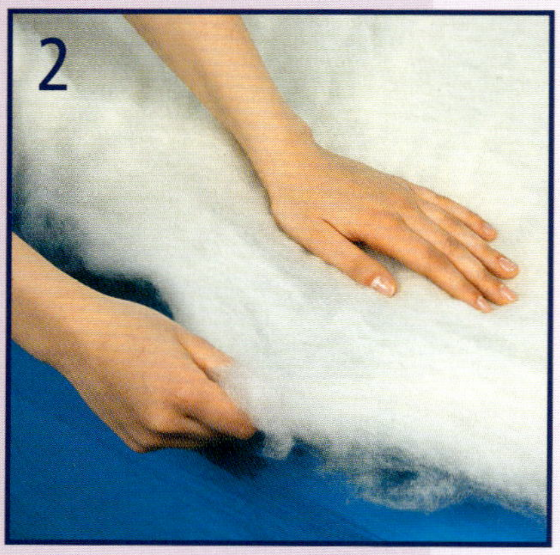

Die Grundfläche eines Bildes kann mit Wollvlies gelegt werden, das geht schneller als das Zupfen.

1. Die Hand bis zum Ellenbogen in die Mitte der Vliesschicht schieben, damit die Schichten teilen. Die obere Schicht lose aufrollen, beiseite legen. Falls das Vlies verlängert werden muss, die Ränder durch Zupfen etwas ausdünnen und überlappend verbinden. Das Vlies muss überall gleich dick sein.
2. Das Tuch mit der Wolle in die Tischecke gegenüber ziehen, um auch die andere Seite des Vlieses zu kontrollieren und auszugleichen. Ist das Vlies an einer Stelle zu dick, vorsichtig dehnen.
3. Auf zu dünne Stellen dünn gezupfte Vliesstücke auflegen. Das Vlies auf Gleichmäßigkeit überprüfen
4. Das Vlies kürzen: Mit einem Brett, einer Hand oder dem Unterarm auf den Tisch drücken, mit der anderen Hand reißen. So wird das Vlies nicht gedehnt. Die Tischecke oder einen großen Metallwinkel als Formgeber benutzen, das Vlies ausrichten. Die Ecken mit Klebeband kennzeichnen. Das Vlies mit dünner Folie bedecken, vorsichtig aufgerollt zur Seite legen.
5. Im Kreuz zur Faserrichtung des ersten Vlieses das zweite innerhalb der Eckmarkierungen auslegen. Wie beschrieben vorbereiten. Das erste Vlies wird nun auf dem zweiten entrollt. Bild mit Noppenfolie abdecken und mit Hilfe wenden: Tuch und Folie zusammen an den Rändern fassen und mit Schwung wenden. Tuch abnehmen. Nun kann gefilzt werden.

HINWEIS

Damit dünne Stellen gut zu erkennen sind, beim Auslegen auf dem Tisch immer ein Tuch in Kontrastfarbe zum Vlies wählen. Tuch oder Stabrollo zum Auslegen sollten mindestens 15 cm breiter sein.

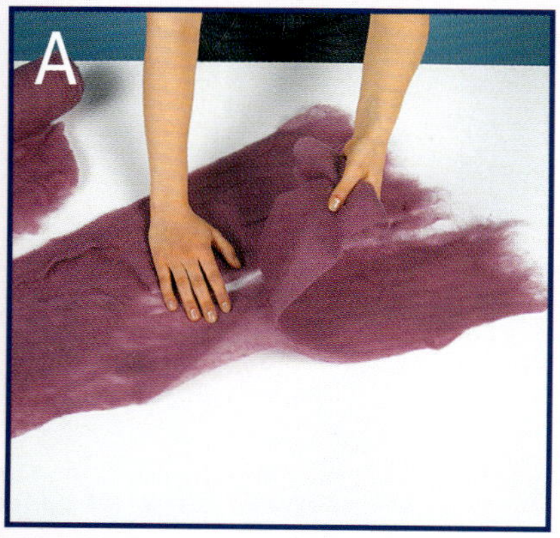

Auslegen von Merinovlies von der Rolle ist zeitintensiver als das des dicken Vlieses.

A. Eine Bahn Vlies abrollen, wie in Schritt 4 abreißen, in einzelne Schichten unterteilen.
B. Schichten überlappend in einer Richtung auf ein Tuch legen. Dünne Stellen mit Vliesstückchen belegen. Eine weitere Schicht im Kreuz zur vorigen legen. Für ein Bild müssen etwa sechs solche Schichten gelegt werden.

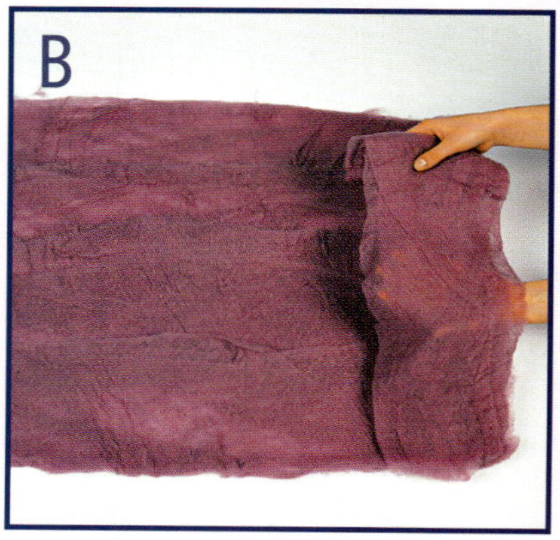

Muster filzen

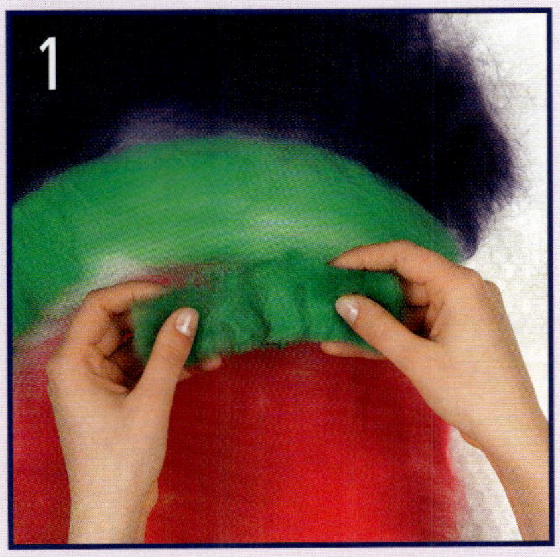
1

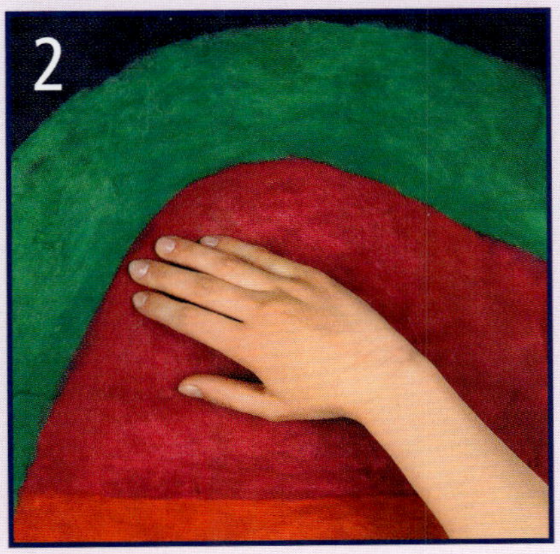
2

Muster aus Flocken

1. Das Muster zuerst grob auslegen. Für die zweite Schicht eine Flocke in kurze Abschnitte schneiden. Abschnitte dünn auffasern und im Kreuz zur vorigen Schicht auflegen.

2. Das Muster ist nun befeuchtet und kann mit der Reiberichtung korrigiert werden: Wird hier nach oben gerieben, wird die Kurve runder, wird nach unten gerieben, wird die Linie gerader.

3. Sind Muster verrutscht, kann man sie mit der Nadel in die gewünschte Richtung schieben. Dazu die Nadelspitze nur leicht einstechen, den Filz in kleinen Bewegungen ziehen. Vor allem bei Vorfilzteilen weitet sich oft die Nahtstelle, so dass der Untergrund hervorschaut.

4. Eine Mischung aus Flocke und Vorfilz ist dieses Blütenblatt: Flocken in mehreren Lagen auf einer Papiervorlage auslegen. Die Randfasern umschlagen, so dass sie hinter der roten Wolle, aber auf dem Papier, liegen. Das Ganze vom Papier auf den Untergrund gleiten lassen.

3

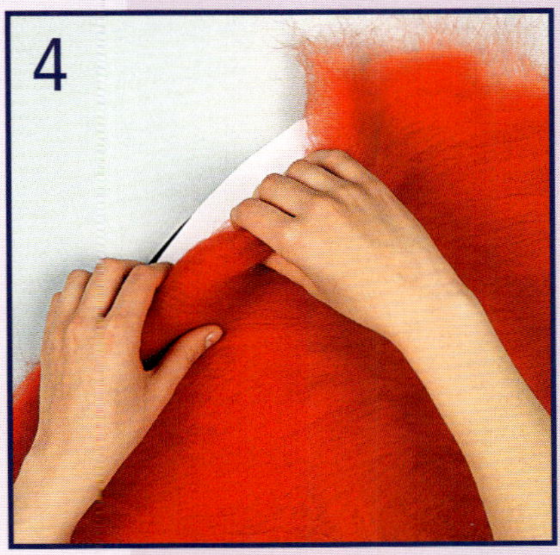
4

Muster aus Vorfilz

Wenn die ausgelegte Wolle unter dünner Folie ganz kurz gerieben wurde, ist ein Vorfilz entstanden (Abb. A). Die Fasern haben sich schon leicht verhakt, können aber immer noch mit anderen Filzteilen verfilzt werden. Hieraus können, im nassen oder trockenen Zustand, Formen geschnitten werden, die auf die ausgelegte Wolle gelegt und angefilzt werden (Abb. B).

Den nassen Vorfilz trocken legen: ein Handtuch über den Vorfilz legen, der wiederum auf einer Noppenfolie liegt. Alle Teile gemeinsam wenden. Folie abnehmen, Vorfilz trocknen lassen (geht am schnellsten auf der Heizung). Getrockneter Vorfilz kann übrigens ohne Probleme aufbewahrt werden. Man kann auch die Feuchtigkeit mit einem Handtuch etwas heraussaugen und den Filz noch feucht zuschneiden.

Zu Beginn die Vorfilzteile unter dünner Folie anfilzen, nicht zu fest reiben, da sich der Vorfilz sonst seitlich verschieben kann. Dies lässt sich aber mit gezielten Streichbewegungen korrigieren, z. B. von außen nach innen.

Merinovlies kann wie ein Vorfilz verwendet werden: Vlies ausrollen, Teilstück abreißen. Auf gleichmäßige Stärke abfühlen, evtl. kleine Teilstücke auflegen oder eine Lage entfernen. Anschließend schneiden.

Noch einfacher geht es mit Nadelvlies, es ist relativ fest und sehr gleichmäßig und muss nur noch zurechtgeschnitten werden.

TIPP

Wer das Filzen beschleunigen möchte, verwendet den Turbo-Filzer von Coats statt Olivenseife oder Schmierseife. Das sehr ergiebige Konzentrat wird im Verhältnis 1:100 mit kaltem oder lauwarmem Wasser verdünnt. Die Wolle verfilzt sehr schnell und farbschonend, das fertige Werkstück muss nicht mehr ausgewaschen werden.

A

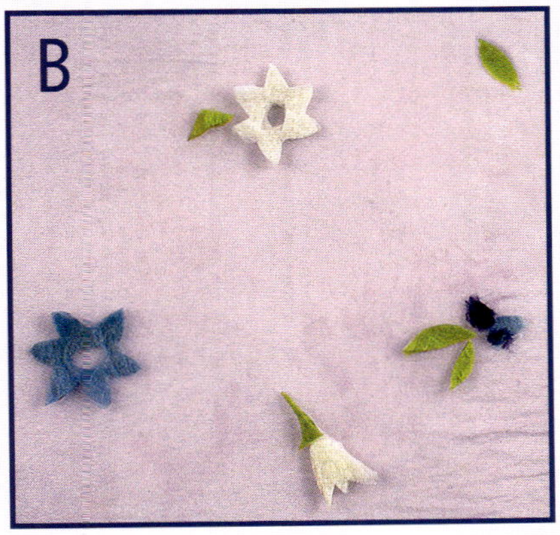
B

Hier wurde ein weicher Farbübergang gelegt, der dem Bild Tiefe verleiht.

Florales Muster auf Weiß

Größe des Originals
70 x 70 cm
Schwierigkeitsgrad
◆

Mit feinen Flocken wird die stilisierte Blüte gelegt.

Wasserlilie

Dies ist ein stilles Bild voller Zurückhaltung und schlichter Schönheit: eine Pflanze aus einem Zen-Garten. Die Lilie wird mit grauer Wolle hinterlegt, die teilweise durch das Weiß hindurchschimmert und die Fläche lebendiger macht – wie Spiegelungen auf einer Wasserfläche.

MATERIAL

- Grundmaterial (siehe Seite 6)
- Merinowolle im Kammzug in Weiß, Himmelblau, Schwarz, wenig Nachtblau
- Merinovlies in Helloliv, Hellgrau, wenig Stahlgrau

SO WIRD ES GEMACHT

1. Merinovlies in Hellgrau ausrollen. Noppenfolie auf dem Tisch ausbreiten. Wie in Grundkurs 4 (Seite 10) beschrieben immer wieder feine Schichten vom Vlies abheben und auf der Folie zu einem Quadrat von 85 x 85 cm auslegen. Dazu die Tischecke oder einen großen Metallwinkel als Formgeber benutzen. Unregelmäßigkeiten mit kleinen Vliesstückchen ausgleichen. Die Folie mit der Wolle in die Tischecke gegenüber ziehen, um auch die andere Seite des Vlieses kontrollieren und ausgleichen zu können. Zum Prüfen, ob die Wolle gleichmäßig verteilt ist, auf einen Hocker steigen und das Vlies von oben betrachten, ggf. nachbessern.
Wieder feines Vlies abrollen, diesmal im Kreuz zur ersten Schicht auslegen.
2. Nun für den weißen Hintergrund die graue Wolle mit zwei Lagen weißer Flocken im Kreuz belegen.
3. Vlies in Helloliv dünn ausziehen, wie ein großes Blatt zur linken Seite zeigend auslegen. Mit einer zweiten Schicht im Kreuz belegen. Fein ausgezogenes Vlies wie lose Blätter diagonal im Randbereich auflegen.
5. Für die stilisierte Blüte eine himmelblaue Fläche zweilagig in feinen Flocken auslegen. Mit wenig Nachtblau abdunkeln. Einen Farbfleck aus zwei Flocken Himmelblau im Kreuz gelegt in die rechte Ecke legen.
Aus dünnen Flocken in Schwarz – mit den Fingerspitzen gezupft – Stiele und feine Flöckchen legen. Diese dürfen nicht verdreht werden, sondern sollen ganz plan liegen.
6. Zuletzt etwas Stahlgrau dünn ausziehen und wie eine Blattader auf das hellolive Blatt legen. Das noch ungefilzte, aber fertig ausgelegte Bild ist auf der Abbildung links unten zu sehen.
7. Das Bild mit einem passenden Stück Noppenfolie abdecken und mit einem Helfer wenden: Beide Folien zusammen an den Rändern fassen und mit Schwung wenden. Deckfolie abnehmen. Das Bild mit heißer Lauge befeuchten. Randfasern wie in Grundkurs 1 (Seite 8) mitsamt der darunter liegenden Folie umschlagen, so dass gerade Kanten entstehen. Wieder abdecken, wenden, aufdecken.
8. Das Bild unter dünner Folie anfilzen, bis die aufgelegten Fasern sich leicht verbunden haben.
9. Das Bild wie in Grundkurs 1 , Schritt 6, beschrieben (Seite 8), um einen Pfahl rollen, auf einem feuchten Handtuch hin- und herrollen, ab und zu die Rolle öffnen und wenden.
10. Rolle öffnen, Bild wenden. Mit heißer Lauge besprengen, wieder aufrollen und den Rollvorgang wiederholen. Das Bild ist fertig, wenn sich keine Fasern mehr aus der Oberfläche ziehen lassen. Kanten evtl. mit der Schere begradigen, mit seifigen Fingern überfilzen.
11. In der Badewanne in lauwarmem Essigwasser auswaschen. Zum Trocknen auf ausgebreitete Handtücher legen und glatt streichen. Mit Dampf auf Baumwollstufe bügeln.

TIPP

Weil dieser Entwurf stark abstrahiert ist, können Sie die Farbigkeit ganz nach Ihren Wünschen gestalten. Ist zum Beispiel Gelb die vorherrschende Farbe in Ihrem Wohnraum, könnte das Bild in den Farben Gelb und Grün auf Weiß gelegt werden.

Aus hauchfeinen Wollsträngen werden zarte Schnörkel gelegt.

Orange-Violett-Pink auf Blau

Größe des Originals
50 x 170 cm
Schwierigkeitsgrad
◆◆

Wellenartige Formen mit Pink und Orange auf dem Untergrund auslegen.

Indira

Dieses Bild spricht in den Farben und Formen Indiens. Fließend wie verschiedene Farben in einem Färbebottich laufen die Konturen ineinander. Diese wunderschönen, warmen Töne liegen im Trend.

MATERIAL

- Grundmaterial (siehe Seite 6)
- Merinovlies in Amethyst
- Merinowolle im Kammzug in Orange gedämpft, Orange, Violettblau dunkel, Pink, Türkisblau

SO WIRD ES GEMACHT

1. Merinovlies in Amethyst ausrollen. Noppenfolie auf dem Tisch ausbreiten. Wie in Grundkurs 4 (Seite 10) immer wieder feine Schichten vom Vlies abheben und auf der Folie zu einem Streifen von etwa 160 x 50 cm auslegen. Dazu die Tischecke oder einen großen Metallwinkel als Formgeber benutzen. Unregelmäßigkeiten mit kleinen Vliesstückchen ausgleichen. Die Folie mit der Wolle in die Tischecke gegenüber ziehen, um auch die andere Seite des Vlieses kontrollieren und ausgleichen zu können. Überprüfen, ob die Wolle gleichmäßig verteilt ist, dazu auf einen Hocker steigen und das Vlies von oben betrachten, ggf. nachbessern. Wieder feines Vlies abrollen, diesmal im Kreuz zur ersten Schicht auslegen. Danach zwei weitere Schichten, jede im Kreuz zur vorigen, auflegen.
2. Eine feine Schicht Violettblau dunkel auflegen. An einem Ende Fransen legen. Dazu Wolle in Orange zu etwa 40 cm langen, sich verjüngenden Streifen längs legen. Eine orangefarbene Flocke in 3 cm lange Stücke schneiden, sehr fein ausziehen und quer auf der Franse verteilen. Mit längs aufgelegten Flocken bedecken. Eine feine Flocke in Pink auflegen, etwas gedämpftes Orange und einen feinen Strang Violettblau dunkel. Falls an den Rändern der Franse der Untergrund zu deutlich hervortritt, sollte auch Violettblau dunkel nachgelegt werden.
3. Mit den gleichen Farben in gleicher Art wellenartige Formen auf dem Hintergrund auslegen. Die Oberfläche sollte aussehen, als wären Farben in einem Marmorierbad mit dem Holz verzogen worden. Von Zeit zu Zeit auf einen Hocker steigen und das Bild von oben betrachten, ggf. Änderungen vornehmen.
4. Am oberen Bildrand Fransen wie am unteren legen, jedoch nicht über das Bild hinausgehen, sondern auf den Hintergrund legen, diese Fransen unterschiedlich lang gestalten.
5. Flocken in Türkisblau sehr fein ausziehen, geschwungene Linien legen und teilweise mit Schnörkel enden lassen. Diese Linien können auch als Begrenzung der Wellenformen gelegt werden. Das fertig ausgelegte Bild, der einfarbig ausgelegte Untergrund mit den kontrastfarbigen aufgelegten Wollflocken, ist auf der Abbildung links unten zu sehen.
6. Das Bild mit Noppenfolie abdecken und beim Wenden helfen lassen: Beide Folien zusammen an den Rändern fassen und mit Schwung wenden. Deckfolie abnehmen. Das Bild mit heißer Lauge befeuchten. Randfasern wie in Grundkurs 1 (Seite 8) mitsamt der darunter liegenden Folie umschlagen, so dass gerade Kanten entstehen. Wieder abdecken, wenden, aufdecken. Das ganze Bild anfilzen, bis die Muster sich verfestigen. In Rolltechnik (siehe Grundkurs 2, Seite 9) fertig stellen. Die Fransen melkend ausziehen, damit sie schön spitz und gerade werden. Ränder evtl. beschneiden.
7. In der Badewanne in lauwarmem Essigwasser auswaschen. Zum Trocknen auf ausgebreitete Handtücher legen und glatt streichen. Mit Dampf auf Baumwollstufe bügeln.

TIPP

Falls die zarten türkisblauen Schnörkel nach dem Filzen kaum noch zu sehen sind, einfach, wie im Grundkurs 5 Muster filzen, Schritt 3, Seite 11, beschrieben, mit der Nadel nacharbeiten.

Les fleurs du paradis

Dieses Bild ist ein tolles Projekt für einen Kindergarten oder eine Schulklasse. Es eignet sich sehr gut als Gemeinschaftsarbeit, weil die Blüten gerade in ihrer Vielfalt sehr lebendig und natürlich wirken.

Die Blüten sind mit Schlingen gelegt, in der Mitte liegen zu Kringeln gelegte Flocken.

Bunte Blumen

Größe des Originals
75 x 110 cm
Schwierigkeitsgrad
◆

Beim Auslegen der Muster die Farben möglichst gleichmäßig verteilen.

MATERIAL

- Grundmaterial (siehe Seite 6)
- Neuseelandwolle (1 A) im Vlies, kardiert, in Weiß
- Merinowolle im Kammzug in vielen Farben

Für die Aufhängung:

- Holzleiste, ca. 68 x 3 cm
- 4 Kunststoffringe
- Stoff, ca. 8 x 70 cm
- Nähgarn
- Nähnadel

SO WIRD ES GEMACHT

1. Weißes Vlies zwei- bis dreilagig, wie in Grundkurs 4 (Seite 10) beschrieben, zu einem Rechteck von etwa 85 x 120 cm auslegen.

2. Blüten aus Wollflocken in allen möglichen Farben und Formen auflegen. Die einfachste Blüte besteht aus lockeren Punkten. Für ein Blütenblatt etwas Wolle kreuzen, die Enden unterschlagen, so dass eine lose runde Form entsteht. Aus mehreren Punkten werden ganze Blüten gelegt. Einzelne bunte Punkte eignen sich gut um Zwischenräume zwischen den Blüten auszufüllen. Für die sonnenartigen Blüten feine Flocken strahlenartig übereinander legen. Einen feinen Wollstrang zum Ring geformt in die Mitte legen. Einen Punkt in die Ringmitte legen. Für die sternförmigen Blüten Flocken zu Schlaufen legen (s. Abb. unten), zu vier, fünf oder sechs anordnen. In die Mitte einen lockeren Kreis legen. Für die Schattierungen jeweils eine feine Wollflocke in hellerer oder dunklerer Farbnuance quer halbieren, das breite Ende zur Blütenmitte hin auf ein einzelnes Blütenblatt legen.

3. Jetzt einige Blätter in die Zwischenräume legen: Eine Schlaufe in Grasgrün oder Maigrün legen und mit einer feinen Flocke in einem anderen Grünton bedecken. An einigen Stellen noch feinste Wollstränge in Türkisblau, Olivgrün oder Russischgrün als Randlinien oder Blattadern auflegen.

4. Das Bild mit einem passenden Stück Noppenfolie abdecken und mit Hilfe wenden: Beide Folien zusammen an den Rändern fassen und mit Schwung wenden. Deckfolie abnehmen. Das Bild mit heißer Lauge befeuchten. Randfasern wie in Grundkurs 1 (Seite 8) mitsamt der darunter liegenden Folie umschlagen, damit gerade Kanten entstehen. Wieder abdecken, wenden, aufdecken. Das ganze Bild anfilzen, bis die Muster sich verfestigen. In Rolltechnik (siehe Grundkurs 2, Seite 9) fertig stellen, Ränder evtl. beschneiden. Sofern die Muster nicht zu dicht aufgelegt sind, kann das Bild auch ohne vorangehendes Anfilzen eingerollt werden.

5. In der Badewanne in lauwarmem Essigwasser auswaschen. Zum Trocknen auf ausgebreitete Handtücher legen und glatt streichen. Mit Dampf auf Baumwollstufe bügeln.

6. Für die Aufhängung einen Stofftunnel annähen, eine Holzleiste durchziehen, Kunststoffringe annähen (siehe Grundkurs 3, Abschnitt B).

Wolle zu Schlaufen formen.

TIPP

Für ein Filzbild in Gemeinschaftsarbeit sollte man Motive wählen, die allen bekannt und nicht zu schwierig sind. Keine nachträglichen Änderungen vornehmen, wenn jemand es vielleicht weniger schön gemacht hat. Evtl. vorher Absprachen treffen wie „keine Stiele" oder nur bestimmte Farben zur Verfügung stellen. Bei Blumen ist z. B. Schwarz überflüssig wie auch Brauntöne und Erdfarben. Alle Teilnehmer könnten vorab Entwürfe zeichnen, die dann besprochen werden.

Schwarze daumendicke Wollstränge als Muster aufgelegt.

Bild in Rot- und Gelbtönen

Größe des Originals

50 x 170 cm

Schwierigkeitsgrad

◆

Zuerst alle Farben verlaufend auslegen, dann folgt das Muster.

Ting Hâo

Inspiration aus dem Reich der Mitte? Mareike ist zwölf Jahre alt und lernt seit vier Jahren Chinesisch. Sie hat dem Bild seinen Namen gegeben: „Ting Hâo" bedeutet auf Deutsch „echt gut".

MATERIAL

- Grundmaterial (siehe Seite 6)
- Merinowolle im Kammzug in Dottergelb, Pink, Rot, Bordeauxrot, Schwarz, Leuchtorange, Lila, Brombeere

Für die Aufhängung:

- lüstrierte Kordel in Schwarz, Ø 2,2 mm, ca. 6 m lang (ersatzweise Lederriemen)
- Polsternadel
- Bambusstab, Ø 15 mm, 1,40 m lang
- Feinsäge
- Schleifpapier
- 4 Nägel
- Marabu-do it-Colorspray in Schwarz
- alte Zeitung
- Bleistift

SO WIRD ES GEMACHT

1. Wolle in Flocken, wie in Grundkurs 1 Reibetechnik (Seite 8) beschrieben, auslegen, dabei eine Breite von 65 cm und eine Länge von 210 cm legen. Gelb auf einer Länge von etwa 60 cm, Leuchtorange 50 cm, Pink 40 cm, Rot 40 cm, Lila 20 cm auslegen. Die Schichten aus waagerecht gelegten Flocken schließen gerade aneinander an, die Schichten aus senkrecht gelegten Flocken überlagern sich. Die letzte Schicht liegt waagerecht (siehe Abb. links unten).

2. Die Deckschicht wird in senkrechten Flocken gelegt: Gelb auf einer Länge von etwa 60 cm, Leuchtorange 50 cm, Pink 40 cm, Rot 35 cm, Bordeaux, Brombeere und Lila je zwischen 8 bis 10 cm auslegen. Die Schichten aus waagerecht gelegten Flocken schließen gerade aneinander an, die Schichten aus senkrecht gelegten Flocken überlagern sich. Die letzte Schicht liegt waagerecht.

3. Für das schwarze Muster Wollstränge von 25 bis 60 cm abreißen. In etwa daumendicke Stränge unterteilen. Diese Stränge als sich kreuzende Bögen über dem Farbverlauf auslegen (siehe Abb. links oben). Die Stränge dürfen nicht verdreht werden, sonst filzen sie nicht gut an.

4. Das Bild mit Noppenfolie abdecken und mit einem Helfer wenden: Beide Folien zusammen an den Rändern fassen und mit Schwung wenden. Deckfolie abnehmen. Das Bild mit heißer Lauge befeuchten. Randfasern wie in Grundkurs 1 (Seite 8) mitsamt der darunter liegenden Folie umschlagen, so dass gerade Kanten entstehen. Wieder abdecken, wenden, aufdecken. Das ganze Bild anfilzen, bis die Muster sich verfestigen, wenden. Die Stränge in Verlaufsrichtung reiben, dabei besonders die Spitzen der schwarzen Muster anfilzen. Das Bild in Rolltechnik (siehe Grundkurs 2, Seite 9) fertig stellen. Kanten evtl. mit der Schere begradigen, mit seifigen Fingern überfilzen.

5. In der Badewanne in lauwarmem Essigwasser auswaschen. Zum Trocknen auf ausgebreitete Handtücher legen und glatt streichen. Mit Dampf auf Baumwollstufe bügeln.

6. Für die Aufhängung den Bambusstab mittig mit dem Bleistift markieren. Mit der Feinsäge ringsum einritzen, dann durchsägen. Kanten mit Schleifpapier glätten. Beide Stäbe auf einer Zeitung schwarz sprühen.

7. Lüstrierte Kordel mit einer dicken Polsternadel durch die schmalen Kanten des Bildes ziehen. Dabei etwa alle 3 cm von unten nach oben einstechen. Die so entstandenen Ösen etwas weiten. Je einen Bambusstab durchfädeln, die Kordel stramm ziehen. Enden rückseitig vernähen. Zwei Nägel oben und zwei unten an der gewünschten Stelle in die Wand schlagen. Die Bambusstäbe oben auf die Nägel und unten darunter legen, so dass das Bild gespannt wird.

TIPP

Als interessante Variante kann ein schwarzer Vorfilz hergestellt werden. Daraus dann scherenschnittartige Muster schneiden und auf den Untergrund legen. Aber auch eine Musterlösung wie bei „Tribal" (Seite 22/23) ist hier gut machbar.

Nomade

Die Grundidee zu diesem Bild stammt von einer finnischen Filzkünstlerin, die eine Filzjurte, die zeltartige Behausung der Mongolen, gearbeitet hat. Das Bild stellt einen Ausschnitt der Jurte dar, den Eingang. Hier vielleicht symbolisch als Eingang zu Traumwelten in ferne Länder?

Die Blattrippen in Olivgrün legen, darunter einen Schatten.

Blatt auf blauem Grund

Größe des Originals
75 x 120 cm
Schwierigkeitsgrad
◆◆

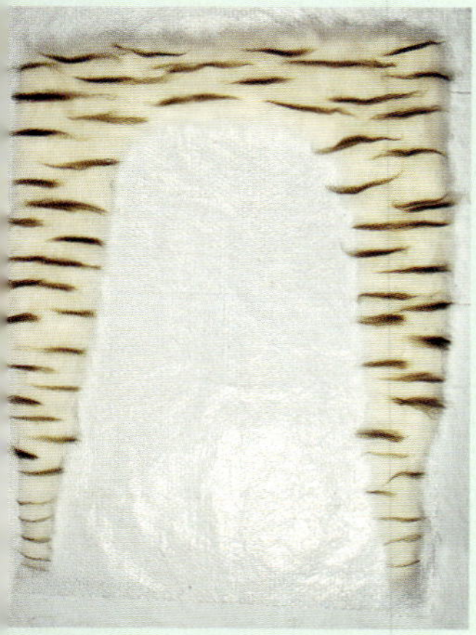

Den Rand des Überwurfs zipfelig legen.

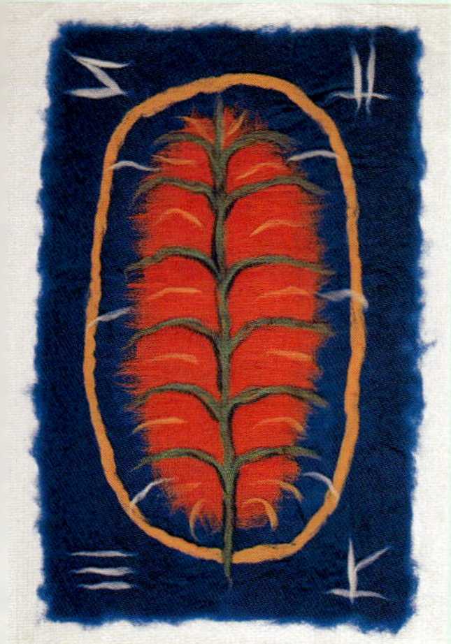

In den Ecken liegen runenartige Muster.

MATERIAL

- Grundmaterial (siehe Seite 6)
- Merinovlies, kardiert, in Blau
- Merinowolle im Kammzug in Weiß, Orange, Olivgrün, Dottergelb, Grasgrün, Russischgrün
- Neuseelandwolle (1 A) im Vlies, kardiert, in Weiß

SO WIRD ES GEMACHT

1. Blaues Wollvlies zwei- bis dreilagig, wie in Grundkurs 4 (Seite 10) beschrieben, zu einem Rechteck von etwa 80 x 134 cm auslegen.
2. Eine Blattform in blassem Orange auflegen, dabei sollten zwei sehr dünne Schichten im Kreuz zueinander liegen. Wo die Flocken zu lang sind, können sie geteilt werden. Ein Stück von einem dottergelben Strang abreißen, in vier bis fünf feinere Stränge unterteilen. Als ovalen Rahmen um das Blatt legen.
3. Für die Blattadern einen Strang in Olivgrün von ca. 28 cm abreißen. In fünf bis sechs Stränge unterteilen und als Blattadern auflegen. Aus feinen Flocken in Russischgrün Schattierungen legen, seitlich und unterhalb der Blattadern. Die Blattadern unregelmäßig mit hauchfeinen Flocken in Grasgrün belegen.
4. Einige feine dottergelbe Flocken in die Zwischenräume der Blattadern legen. Einige feine weiße Flocken über den ovalen Rahmen legen. Aus weißen Flocken runenähnliche Muster in alle vier Ecken legen. Das fertig ausgelegte Bild ist auf der Abbildung links unten zu sehen.
5. Das Bild wie „Wasserlilie", Schritt 7 bis 10 (Seite 12), fertig stellen: Mit Noppenfolie abdecken und wenden. Deckfolie abnehmen. Das Bild mit heißer Lauge befeuchten. Randfasern umschlagen, so dass gerade Kanten entstehen. Wieder abdecken, wenden, unter dünner Folie anfilzen, bis sich die aufgelegten Fasern leicht verbunden haben. Das Bild mit Stoff um einen Pfahl rollen, auf einem feuchten Handtuch hin- und herrollen, Rolle öffnen, Bild wenden. Mit heißer Lauge besprengen, wieder aufrollen und Vorgang wiederholen. Das Bild fertig filzen. Kanten evtl. mit der Schere begradigen, mit seifigen Fingern überfilzen.
6. Das fertige Bild mit trockener, transparenter Folie abdecken, so dass es hindurchscheint. Für den Deckbehang das weiße Vlies 1 m lang abreißen. In Lagen zerteilen und so auf das Blattbild legen, dass dessen Ränder bis zur Unterkante zipfelig gerahmt werden. Die Rahmung soll auf jeder Seite etwa 10 cm breiter sein als das Bild. Der obere Ausschnitt soll bogenförmig werden. Eine weitere Schicht im Kreuz zur ersten auflegen. Mit feinen Flocken in Weiß im Kreuz belegen. Olivgrüne Stränge auflegen, dazu einen 20 cm langen Strang in kleine Stränge zerteilen. Die Zipfel im unteren Bereich nur mit sehr feinen Strängen belegen.
7. Behang unter dünner Folie anfilzen, bis die aufgelegten Fasern sich leicht verbunden haben. In Reibetechnik (Grundkurs 1, Seite 8) bis zu leichter Verfestigung filzen, Rand dabei auslassen, mit Hilfe einer zweiten Folie wenden. Die Randfasern mit der Hand etwas unregelmäßig umschlagen, sie sollen nicht gerade werden. Die langen Zipfel melkend reiben, so werden sie schön spitz.
8. Behang in Reibetechnik fest filzen, dabei nur so lange filzen, wie die Maße es erlauben, denn der Behang soll breiter bleiben als das Bild. Ausmessen oder Behang über das Bild legen. Beide Teile auswaschen, trocknen lassen und bügeln.

TIPP

Hier sind zwei Teile zusammen aufzuhängen, dazu einfach beide Teile an der Oberkante mit unsichtbaren Stichen zusammennähen, dann mit Klemmringen aufhängen (siehe hierzu Grundkurs 3 Aufhängung, Abschnitt B, Seite 9).

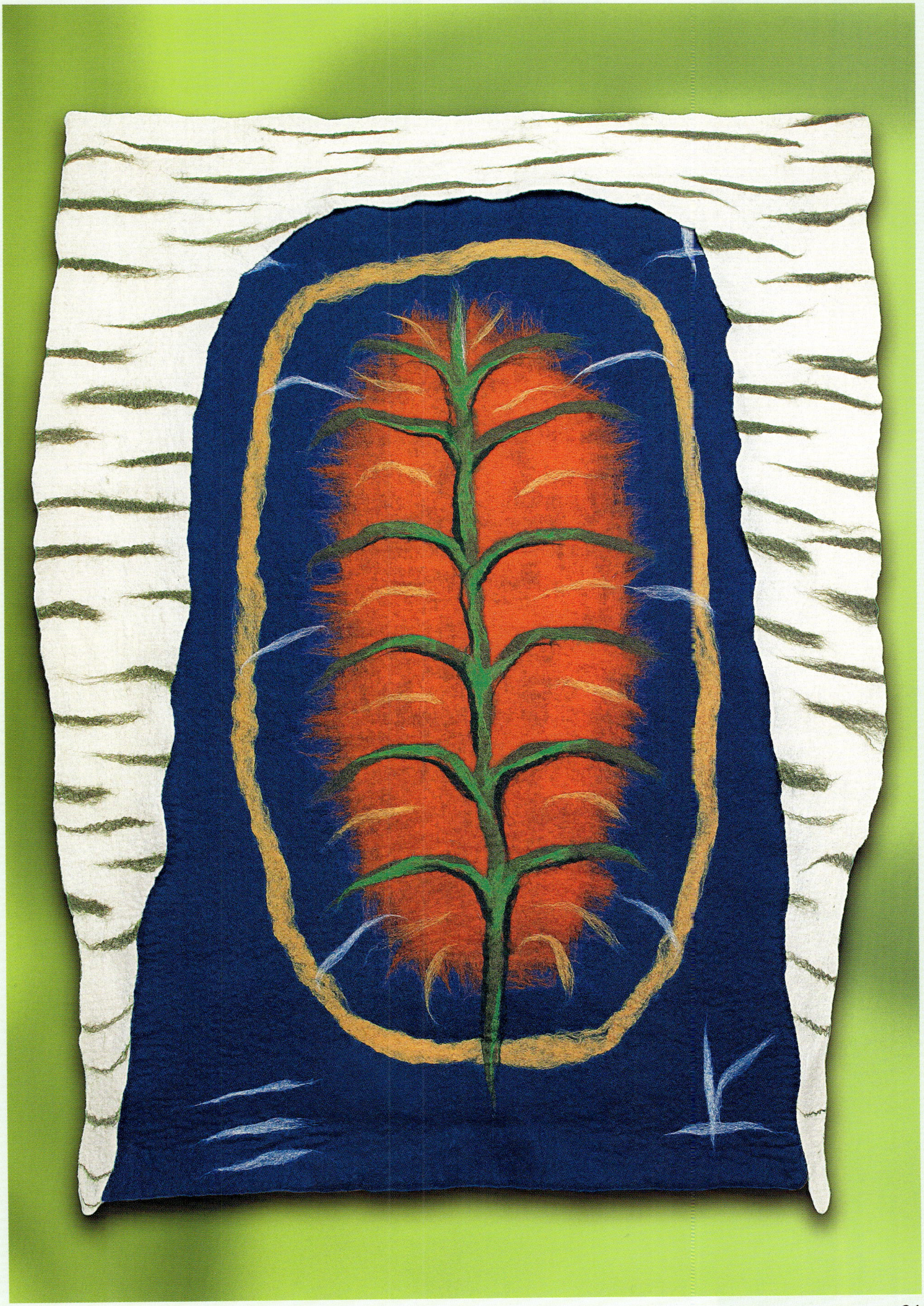

Der äußere Rand wird durch Umklappen ganz gerade, der innere sollte etwas ausgefasert liegen.

Muster auf rotem Grund

Größe des Originals
52 x 110 cm

Schwierigkeitsgrad
◆◆◆

Die Papierschablone wird auf den feuchten Filz aufgelegt.

Tribal

Sehr in Mode gekommen sind die Muster von Tribals, so genannten Stammestätowierungen, nicht nur in der Tattooszene. Dies ist ein sehr verspieltes Modell, in seiner Art mutet es fernöstlich an, vor allem durch die Farbwahl in Rot-Schwarz.

MATERIAL

- Grundmaterial (siehe Seite 6)
- Merinovlies in Karminrot
- Merinowolle im Kammzug in Schwarz
- Stecknadeln
- Nagelschere, Schere
- Transparentpapier und Filzstift
- Klebefilm

SO WIRD ES GEMACHT

1. Merinovlies in Karminrot zwei- bis dreilagig zu einem Rechteck von etwa 60 x 134 cm auslegen (siehe Grundkurs 4, Seite 10).
2. Die dem Text unterlegte Vorlage des Tribals zweimal mit Filzstift auf Transparentpapier abpausen; die gestrichelten Bruchlinien mit übertragen. Die beiden Tribal-Teile werden jeweils in zwei Hälften vergrößert – das eine Teil wie abgebildet, das andere spiegelverkehrt, dazu einfach die Transparentpapiervorlage wenden. Nun erst die obere Hälfte der Vorlage bis zur eingezeichneten Bruchlinie auf dem Fotokopierer auf 200 Prozent vergrößern, dann mit der unteren Hälfte der Vorlage auf die gleiche Weise verfahren. Die beiden vergrößerten Vorlagenhälften an der Bruchlinie mit Klebefilm zusammenkleben, dann ausschneiden. Mit der spiegelverkehrten Tribal-Form ebenso verfahren. Zum Schluss beide Tribal-Formen an der geraden Ansatzlinie, hier stärker eingezeichnet, mit Klebefilm zusammenfügen.
3. Flocken in Schwarz quer zur roten Wollschicht in der Mitte des Bildes auslegen (Grundkurs 1, Schritt 1, Seite 8). Eine zweite Schicht im Kreuz dazu auslegen.
4. Die Papiervorlage für das Tribal auf der schwarzen Wolle platzieren (siehe Abb. unten links). Auf einen Hocker steigen und kontrollieren, ob das Tribal überall von schwarzen Wollflocken umgeben ist und gerade auf dem Bild liegt, ggf. nachbessern. Die Vorlage wieder abnehmen.
5. Den Rand ebenfalls im Kreuz zur roten Schicht etwa 5 cm breit mit schwarzen Flocken belegen. Eine zweite Schicht im Kreuz dazu auflegen. Wo die Flocken zu breit sind, den Wollstrang in 5 cm breite Abschnitte schneiden, jeweils halbieren. Wollfasern auseinander ziehen und auf den längs gelegten Flocken verteilen (siehe Grundkurs 5, Schritt 1, Seite 11).
6. Das Bild mit Noppenfolie abdecken und mit einem Helfer wenden. Deckfolie abnehmen. Das Bild mit heißer Lauge befeuchten. Randfasern wie in Grundkurs 1 (Seite 8) mitsamt der darunter liegenden Folie umschlagen, so dass gerade Kanten entstehen. Wieder abdecken, wenden, aufdecken.
7. Das Bild unter dünner Folie anfilzen, bis sich die aufgelegten Fasern leicht verbunden haben. Einige Minuten weiterreiben, bis die Fasern nicht mehr verrutschen, aber noch abgehoben werden können.
8. Die Papiervorlage des Tribals wieder auflegen, sie durchweicht dabei und haftet auf der Wolle. Entlang der Vorlagenkontur mit der Nagelschere die schwarze Wolle bis auf den roten Untergrund einschneiden und zur Seite hin wegziehen, so dass das Tribal klar und deutlich hervortritt. In den Rand Muster hineinschneiden. Mit den Händen sachte verfilzen, dabei darauf achten, dass sich die Muster nicht verschieben. Mit der Reiberichtung lässt sich das korrigieren.
9. Das Bild wie in Grundkurs 2 Rolltechnik (Seite 9) mit Futterseide um einen Pfahl rollen, auf einem feuchten Handtuch hin- und herrollen, dabei ab und zu den Pfahl anheben und wenden. Die Rolle öffnen, Bild wenden. Mit heißer Lauge besprengen, wieder aufrollen und den Vorgang wiederholen. Das Bild ist fertig, wenn sich keine Fasern mehr aus der Oberfläche zupfen lassen. Kanten evtl. mit der Schere begradigen, mit seifigen Fingern überfilzen.
10. In lauwarmem Essigwasser auswaschen, trocknen lassen, bügeln.

TIPP

Falls das satte Rot nicht in Ihre Wohnung passt und Sie das Bild in einer anderen Farbe gestalten möchten, achten Sie unbedingt auf satte kontrastreiche Farben, davon lebt diese Komposition.

Für einen so schmalen Streifen werden Flocken geschnitten.

Abstrakte Farbflächen

Größe des Originals

83 x 88 cm

Schwierigkeitsgrad

◆◆

Alle Farbflächen werden in mehreren Lagen ausgelegt.

Orim

Dieses Bild lebt von einem einfachen, aber sehr wirkungsvollen Kolorismus. In seiner Farb- und Formensprache ist es stark angelehnt an das Werk „Katalanischer Bauer im Mondschein" des spanischen Künstlers Joan Miró.

MATERIAL

- Grundmaterial (siehe Seite 6)
- Merinovlies in Kreuzpelzflor in Weiß
- Merinowolle im Kammzug in Himmelblau, Rot, Grasgrün, Dottergelb
- Langes Lineal oder Papierstreifen

SO WIRD ES GEMACHT

1. Kreuzpelzflor ausrollen, eine Fläche von 1 x 1 m abtrennen. Zuerst die langen Geraden, Linien und Kurven in Schwarz einlagig auslegen. Als Formgeber ein langes Lineal oder einen Papierstreifen auflegen. Einen Strang schwarze Wolle in Teilstücke von 4 bis 6 cm schneiden. Diese halbieren, stückweise auffasern und entlang des Formgebers auslegen (siehe Grundkurs 5, Schritt 1). Das Bild von einem Hocker aus betrachten, ggf. Linien verschieben. Die schwarzen Flächen einlagig ergänzen, so dass nun alle schwarzen Anteile des Bildes angelegt sind.

2. Die rote Fläche einlagig auslegen, anschließend die grüne. Wo die Fasern an das Schwarz stoßen, werden keine gezogenen Flocken verwendet: Eine dicke Flocke ziehen, mittig zerschneiden. Geschnittenen Ansatz an die angrenzende Farbfläche stoßen (siehe Grundkurs 5, Schritt 1, Seite 11).

3. Für die Flächen in Gelb und Blau jeweils einen Strang Wolle in Abschnitte von 3 bis 8 cm zerteilen. Abschnitt halbieren, auffasern und so eine erste Lage auslegen. Die Spitzen dürfen noch etwas stumpf bleiben.

4. Nun wird für alle Farben eine zweite Lage gelegt. Dazu immer einen Teil der Flocken schneiden, sofern sie nicht entlang der Kanten gelegt werden. Es ist wichtig, dass die Formen immer wieder aus einer Perspektive von oben überprüft werden, da die normale Ansicht beim Arbeiten die Bildelemente optisch verschieben kann. Das fertig ausgelegte Bild ist auf der Abbildung unten links zu sehen.

5. Das Bild erst unter dünner Folie, dann mit den Händen anfilzen, bis die aufgelegten Fasern sich verbunden haben, den Rand dabei auslassen. Durch Reiberichtung und Nadel können Verschiebungen korrigiert werden (siehe Grundkurs 5, Schritt 2 und 3, Seite 11).

6. Nun das Bild mit Noppenfolie abdecken und wenden. Randfasern wie in Grundkurs 1 Reibetechnik, Schritt 4 (Seite 8) mitsamt der darunter liegenden Folie umschlagen, so dass gerade Kanten entstehen. Kanten anfilzen. Wieder abdecken, wenden, aufdecken.

7. Das Bild wie in Grundkurs 2 Rolltechnik (siehe Seite 9) mit Futterseide um einen Pfahl rollen, auf einem feuchten Handtuch hin und her rollen, dabei ab und zu die Rolle öffnen, Bild wenden. Mit heißer Lauge besprengen, wieder aufrollen und den Rollvorgang wiederholen. Das Bild ist fertig, wenn sich keine Fasern mehr aus der Oberfläche zupfen lassen. Kanten evtl. mit der Schere begradigen, mit seifigen Fingern überfilzen.

8. In der Badewanne in lauwarmem Essigwasser auswaschen. Zum Trocknen auf ausgebreitete Handtücher legen und glatt streichen. Mit Dampf auf Baumwollstufe bügeln.

TIPP

Einzelne Farben können ersetzt werden, zum Beispiel Grün durch Orange, Rot durch Türkis, in jedem Fall sollten aber leuchtende Farben ausgewählt werden. Verwenden Sie hier keine Pastellfarben, sie passen nicht zu den einfachen kraftvollen Formen.

Für den schwarzen Rand kurz geschnittene Flocken verwenden.

Im Miró-Stil

Größe des Originals

40 x 100 cm

Schwierigkeitsgrad

◆◆

Große Muster aus Flocken legen, kleine Muster aus Vorfilz schneiden.

Planet X

Dieses Bild spricht eine einfache, aber farbgewaltige Sprache. Die Farben Orange und Grün liegen sich im Farbkreis gegenüber und sind sehr kontrastreich, alle anderen Farben spielen nur Nebenrollen. Das Bild ist stark angelehnt an das Werk „Flug des Vogels im Mondschein" des spanischen Künstlers Joan Miró.

MATERIAL

- Grundmaterial (siehe Seite 6)
- Merinovlies in Kreuzpelzflor in Weiß, 105 x 45 cm
- Merinowolle im Kammzug in Olivgrün, Maigrün, Orange, Aralblau, Rot, Grasgrün, Dottergelb, Pink, Weiß
- Dochtwolle in Schwarz (möglichst nicht waschmaschinenfest ausgerüstet)
- Papier
- Zirkel
- Bleistift

Für die Aufhängung:

- 7 Klemmringe
- Buchenholzstab, 10 mm stark, ca. 45 cm
- Marabu-Decormatt Acryl in Schwarz
- Pinsel

SO WIRD ES GEMACHT

1. Kreuzpelzflor in einer Größe von 105 x 45 cm auslegen. Auf Papier einen Kreis mit einem Durchmesser von etwa 37 cm aufzeichnen und ausschneiden. Diese Kreisschablone zweilagig in Orange belegen (siehe Grundkurs 5, Schritt 4, Seite 11). Die Fasern, die über den Papierrand stehen, abschneiden. Nun den orangefarbenen Kreis vorsichtig vom Papier auf den Kreuzpelzflor gleiten lassen.

2. Den Hintergrund, d. h. die Umgebung des Kreises, sehr dünn in Olivgrün auslegen, Fasern im Randbereich zum Orange schneiden (siehe Grundkurs 5, Schritt 1, Seite 11). Mit Maigrün und Grasgrün eine sehr feine Schicht unregelmäßig darüber verteilen.

3. Jetzt in gleicher Weise Orange und die beiden Grüntöne auflegen, diesmal aber im Kreuz zur vorangegangenen Schicht.
Drei Stücke von etwa 3 bis 4 cm vom schwarzen Wollstrang abschneiden. In feine Flocken teilen, einen Rand um den orangefarbenen Kreis legen. Der Untergrund sollte nicht hervorschimmern. Eine zweite Schicht im Kreuz dazu legen. Entlang der schwarzen Ringkontur im Innenkreis feine orange Flocken auslegen, entlang der Außenkontur feine olivgrüne Flocken.

4. Nun im anderen Bildteil einen Bogen aus feinen gezupften Wollflocken in Schwarz legen. Etwas schwarze Dochtwolle in vier Teile von je 10 cm schneiden und in der Bildecke zu einem Stern legen. An einem Ende des Bogens eine Art Pfeil aus schwarzen Wollfäden von 10 und 5 cm Länge legen.

5. Kleine Vorfilze (siehe Grundkurs 5, Abb. A) in den Farben Dottergelb, Pink, Rot, Aralblau, Weiß und Schwarz herstellen und zuschneiden: einen schwarzen Kreis von 6,5 cm Durchmesser, einen weißen Kreis mit 5 cm Durchmesser, eine Nierenform in Rot von 7 cm Länge, je ein Oval in Pink in 5 cm Länge, in Aralblau in 8 cm und Dottergelb in 3,5 cm. Alle Teile auslegen. Auf einen Hocker oder Stuhl steigen und das Bild von oben betrachten, ggf. Linien oder Teile verschieben. Auf der Abbildung unten links ist das mit Wollflocken und Vorfilz fertig ausgelegte Bild zu sehen.

6. Das Bild erst unter dünner Folie, dann mit den Händen anfilzen, bis die aufgelegten Fasern sich verbunden haben, den Rand dabei auslassen. Durch die Reiberichtung und Nadel können Verschiebungen korrigiert werden (siehe Grundkurs 5, Schritt 2 und 3, Seite 11).

7. Das Bild mit Noppenfolie abdecken und wenden. Randfasern wie in Grundkurs 1 Reibetechnik, Schritt 4 (Seite 8), mitsamt der darunter liegenden Folie umschlagen, so dass gerade Kanten entstehen. Kanten anfilzen. Wieder abdecken, wenden, aufdecken.

8. Bild wie in Grundkurs 2 Rolltechnik (Seite 9) mit Futterseide um einen Pfahl rollen, auf einem feuchten Handtuch hin- und herrollen, dabei ab und zu den Pfahl anheben und wenden. Rolle öffnen, Bild wenden. Mit heißer Lauge besprengen, wieder aufrollen und den Rollvorgang wiederholen. Das Bild ist fertig, wenn sich keine Fasern mehr aus der Oberfläche zupfen lassen. Kanten evtl. mit der Schere begradigen, mit seifigen Fingern überfilzen.

9. In der Badewanne in lauwarmem Essigwasser auswaschen. Zum Trocknen auf ausgebreitete Handtücher legen und glatt streichen. Mit Dampf auf Baumwollstufe bügeln.

10. Die Aufhängung wie in Grundkurs 3, Abschnitt A (Seite 9), fertigen: Den Holzstab schwarz anmalen. Klemmringe anbringen und auf den Holzstab schieben.

Das Blütenblatt wurde über einer Vorlage ausgelegt und liegt nun deutlich erhaben auf.

Rote Blüte auf Grün

Größe des Originals

70 x 75 cm

Schwierigkeitsgrad

◆◆◆

Die untere Wollschicht wird die obere durchdringen und so die Farben dämpfen.

Mohn

Eine Blume wie aus der Natur – so wie der Mohn anspruchslos im Schotter am Wegesrand wächst, wurde hier die Farbgestaltung gewählt: rot wie der Mohn, rötliche Schattierungen in Kardinal, grau wie der Stein, grün wie das Blattwerk.

MATERIAL

- Grundmaterial (siehe Seite 6)
- Steinschafwolle, grob, meliert im Vlies, in Grau
- Merinowolle im Kammzug in Rot, Olivgrün, Maigrün, Grasgrün, Schwarz, Weiß, Kardinal
- Einwegrasierer
- Filznadel
- dicke Nadelunterlage aus Filz
- Transparentpapier und Bleistift
- Papier, DIN A3

SO WIRD ES GEMACHT

1. Das graue Steinschafwollvlies zwei- bis dreilagig wie in Grundkurs 4 (Seite 10) beschrieben, zu einem Quadrat von etwa 1 x 1 m auslegen.
2. Die dem Text unterlegte Vorlage für das Blütenblatt abpausen und mit Hilfe eines Fotokopierers auf 165 Prozent vergrößern und fünfmal auf große Papierbogen übertragen – dabei an der gestrichelten Linie zur vollen Größe ergänzen – und ausschneiden.
3. Vier Blütenblätter-Schablonen auf das Vlies legen. Nun einen schönen und abwechslungsreichen Hintergrund um die Blütenblätter aus feinen, kreuz und quer gelegten Flocken in Kardinal, Olivgrün, Maigrün und etwas Rot legen. Der graue Untergrund darf durchschimmern. Bunte Flächen mit feinsten Vliesstückchen in Grau unterbrechen. Zuletzt feine Flocken in Grasgrün auflegen. Das Vlies von oben betrachten. Die Wollfarben sollten nicht zu regelmäßig verteilt sein, damit die Fläche interessant wirkt. Die Papierschablonen, eine nach der anderen, vorsichtig anheben, die aufgelegten Flocken darunter schieben.
4. Vorfilzreste in Lauge anfeuchten und zu einer Kugel formen oder Schaumgummireste zu einer Halbkugel schneiden. Mit reichlich Flocken in Schwarz und in Olivgrün belegen, bis die Kugel einen Durchmesser von etwa 7 cm hat. Leicht anfilzen, die Lauge herauspressen und an einer Seite flach drücken. Die Kugel auf die Blüten-mitte legen, mit Flocken in Olivgrün belegen, so dass diese an den Seiten überstehen. Einige sehr feine Flocken in Maigrün auflegen. Die Blütenblätter-Schablonen etwas anheben, die Kugel in der Mitte der Blüte platzieren, so dass die überstehenden Wollflocken wie eine Aureole um die Kugel liegen.
5. Auf der fünften Blütenblatt-Schablone drei Lagen Flocken in Rot auslegen, zum schmalen Ende hin reichen auch zwei Lagen. Am schmalen Ende Schwarz feinfaserig längs deckend auslegen, die Spitze quer knapp deckend in Weiß auslegen. Alle überstehenden Flocken unterschlagen, so dass das Blütenblatt die gleiche Größe wie das Papier hat (siehe Grundkurs 5, Schritt 2, Seite 11).
6. Eine Blütenblatt-Schablone vom Bild nehmen, das ausgelegte Blütenblatt vorsichtig vom Papier auf die frei gewordene Stelle gleiten lassen. Mit den anderen drei Blütenblättern ebenso verfahren.
7. Das Bild unter dünner Folie anfilzen, bis die aufgelegten Fasern sich leicht verbunden haben. Den Rand dabei auslassen. Um die Blütenmitte herum geschnittene Wollflocken in Weiß kreuzweise auflegen (siehe Abb. links unten). Die Fasern sollen bis an das Grün der Mitte heranreichen. Die Blütenmitte reibend fest filzen.
8. Das Bild wenden, Kanten umschlagen und verfestigen. Wenden, in Reibetechnik filzen. An zwei Seiten des Bildes etwa 7 cm vom Rand wegschneiden, dabei zwei Blütenblätter teilweise freistellen. Acht Kerben in die Blütenmitte schneiden, so dass der schwarze Untergrund hervortritt. Beides überfilzen. Auswaschen, trocknen, bügeln.
9. Das trockene Bild auf dem Tisch ausbreiten, die roten Blätter rasieren. Das Blattwerk aus zackenförmig gelegten feinen Strängen Wolle in Maigrün und Russischgrün auflegen und einnadeln (siehe Abb. a, Seite 7). Die Blattkonturen zum Teil offen lassen, also nicht bis an den Rand oder die Blüte heranführen. Noch einmal bügeln.

Gut zu erkennen: die Blütenmitte aus Vorfilz und die Blütenblätter aus gezwirbelten Flocken.

Gelbe Blumen

Größe des Originals

60 x 90 cm

Schwierigkeitsgrad

◆◆◆

In diesem Bild werden verschiedene Vorfilzelemente mit Flocken kombiniert.

Sonnenblumen

Dieses Bild ist einer frühen farbigen Skizze des Malers Friedensreich Hundertwasser nachempfunden. Die Farben sind ganz bewusst nicht naturalistisch. Wer es lieber klassisch mag, kann die Farben in Gelb, Ocker und Grün ändern.

MATERIAL

- Grundmaterial (siehe Seite 6)
- Merinovlies in Geranie, Goldocker, Fango
- Merinowolle im Kammzug in Mittelbraun

SO WIRD ES GEMACHT

1. Merinovlies in Fango wie in Grundkurs 4, Abschnitt A und B (Seite 10) beschrieben, zu einem Rechteck von etwa 65 x 100 cm auslegen. Die Ränder etwas verstärken. Den Vorgang mit der Farbe Goldocker wiederholen, die Wolle im Kreuz zur vorigen Schicht legen. Dabei den vorher ausgelegten Rand in 6 cm Breite nicht verdecken, sondern nur von einzelnen Fasern überlappen lassen. Insgesamt drei Schichten in Goldocker auslegen.
2. Je einen vierlagigen Vorfilz (siehe Grundkurs 5, Seite 11) in folgenden Farben und Größen herstellen: in Mittelbraun 45 x 8 cm, in Geranie 85 x 20 cm, in Dottergelb 30 x 50 cm. Den braunen Vorfilz in Streifen von 1 bis 1,3 cm schneiden, den roten in Streifen von 4 cm, aus dem gelben Vorfilz Kreise von 10,5 bis 16 cm Durchmesser sowie eine Ellipse von 17 x 7 cm schneiden.
3. Mit den roten Streifen einen Rahmen um das Bild legen, dabei einen Abstand von etwa 6 cm zur Kante halten. Gelbe Kreise anordnen, braune Streifen als Stiele auflegen (siehe Foto rechts).
4. Aus dem geranienroten Vlies Flocken zupfen, an einem Ende mit leicht angefeuchteten Fingern zu einer Spitze zwirbeln und jeweils als Blütenblätter an die gelben Vorfilzkreise legen, den stumpfen Ansatz unter den Vorfilz schieben. Wo die Blütenblätter auf den roten Rahmen stoßen, wird dieser vorher mit zarten Flocken in Mittelbraun belegt. Durch die braunen Flocken heben sich die Konturen der Blütenblätter deutlicher vom Untergrund ab.
5. Das geranienrote Vlies zu feinsten Strängen ziehen und in einigen Blütenmitten zu Linien und Kringeln auslegen. Auch einige Farbakzente an die braunen Stängel legen. Um die Farbfläche noch zu beleben, wenig braune Wolle in einige Millimeter lange Stücke schneiden, an einigen Stellen auf dem Untergrund in Goldocker fein verteilen. Die fertig ausgelegten Vorfilzteile auf dem ockerfarbenen Grund sind auf der Abbildung unten links zu sehen.
6. Das Bild erst unter dünner Folie, dann mit den Händen anfilzen, bis die aufgelegten Fasern sich verbunden haben, den Rand dabei auslassen. Durch die Reiberichtung können Verschiebungen korrigiert werden (siehe Grundkurs 5, Schritt 2, Seite 11).
7. Das Bild mit Noppenfolie abdecken und wenden. Randfasern, wie in Grundkurs 1 Reibetechnik, Schritt 4 (Seite 8), mitsamt der darunter liegenden Folie umschlagen, so dass gerade Kanten entstehen. Kanten anfilzen. Wieder abdecken, wenden, aufdecken.
8. Das Bild wie in Grundkurs 2 Rolltechnik (Seite 9) mit Futterseide um einen Pfahl rollen, auf einem feuchten Handtuch hin- und herrollen, dabei ab und zu den Pfahl anheben und wenden. Rolle öffnen, Bild wenden. Mit heißer Lauge besprengen, wieder aufrollen und den Rollvorgang wiederholen. Das Bild ist fertig, wenn sich keine Fasern mehr aus der Oberfläche zupfen lassen. Kanten evtl. mit der Schere begradigen, mit seifigen Fingern überfilzen.
9. In der Badewanne in lauwarmem Essigwasser auswaschen. Zum Trocknen auf ausgebreitete Handtücher legen und glatt streichen. Mit Dampf auf Baumwollstufe bügeln.

TIPP

Für Freunde der realistischen Darstellung: Den Hintergrund in hellem Grün, die Blütenmitten in Braun, die Blätter in Gelb mit orangefarbenen Flöckchen und die Stiele in Grün auslegen, das sieht auch sehr schön aus.

Die Stoßkanten der Vorfilzseiten werden zum Teil von Flocken überlagert.

Bunte Patchworkmuster

Größe des Originals
75 x 115 cm

Schwierigkeitsgrad
◆◆

Abwechselnd Vorfilzrechtecke und feine Wollflocken auslegen.

Patch

So wie beim Patchwork einzelne Stoffflicken zu einem Ganzen zusammengesetzt werden, sind hier einzelne „Patches" auf einen Hintergrund gelegt. Optisch verbunden werden sie durch die zusätzlich aufgelegten Flocken, die teils als feine Striche, teils als weitere Patches sichtbar werden.

MATERIAL

- Grundmaterial (siehe Seite 6)
- Merinovlies in Helloliv
- Merinowolle im Kammzug in Pinie, Orange, Lila, Dottergelb, Rot, Hellblau, Grasgrün, Nachtblau, Zitronengelb, Violettblau dunkel, Pink, Englischrot

SO WIRD ES GEMACHT

1. Merinovlies in Helloliv in zwei Lagen, wie in Grundkurs 4, Abschnitt A und B (Seite 10) beschrieben, zu einem Rechteck von etwa 95 x 135 cm auslegen.

2. Einen vier- bis sechslagigen Vorfilz (siehe Grundkurs 5, Seite 11, unten) in folgenden Farben und Größen herstellen: in Dottergelb 30 x 60 cm, in Pink 30 x 30 cm, in Orange 30 x 30 cm, in Hellblau 30 x 20 cm, in Englischrot 30 x 20 cm, in Grasgrün 30 x 20 cm, in Rot 20 x 20 cm.

3. Die Vorfilzteile in unterschiedlich große Rechtecke und Quadrate schneiden und auf dem Bild verteilen. Den Hintergrund in Pinie legen, diese Fasern überdecken zum Teil die Vorfilzstücke. Die meisten der über dem Vorfilz liegenden Fasern dabei unter die Vorfilze schieben.

4. Auf die gleiche Weise eine zweite Schicht Flocken in Pinie im Kreuz zur ersten Schicht auslegen. Diese Schicht mit Flocken in den Farben Orange, Lila, Dottergelb, Hellblau, Grasgrün, Nachtblau, Zitronengelb, Violettblau dunkel belegen. Auch diese teilweise unter sowie auf die Vorfilzstücke schieben.

5. Das Bild mit feinen Strängen in Zitronengelb und hauchdünnen Flocken in Dottergelb, Zitronengelb, Hellblau und Pinie vollenden. Das fertig gelegte Bild mit abwechselnd ausgelegten Vorfilzrechtecken und feinen Flocken ist auf der Abbildung unten links zu sehen.

6. Das Bild erst unter dünner Folie, dann mit den Händen anfilzen, bis die aufgelegten Fasern sich verbunden haben, den Rand dabei auslassen. Durch die Reiberichtung können Verschiebungen korrigiert werden (siehe Grundkurs 5, Schritt 2, Seite 11).

7. Das Bild mit Noppenfolie abdecken und wenden. Randfasern, wie in Grundkurs 1 Reibetechnik, Schritt 4 (siehe Seite 8) beschrieben, mitsamt der darunter liegenden Folie umschlagen, so dass gerade Kanten entstehen. Kanten anfilzen. Wieder abdecken, wenden, aufdecken.

8. Bild wie in Grundkurs 2 Rolltechnik (siehe Seite 9) mit Futterseide um einen Pfahl wickeln, auf einem feuchten Handtuch hin- und herrollen, dabei ab und zu den Pfahl anheben und drehen. Rolle öffnen, Bild wenden. Mit heißer Lauge besprengen, wieder aufrollen und den Rollvorgang wiederholen. Das Bild ist fertig, wenn sich keine Fasern mehr aus der Oberfläche zupfen lassen. Kanten evtl. mit der Schere begradigen, mit seifigen Fingern überfilzen.

9. In der Badewanne in lauwarmem Essigwasser auswaschen. Zum Trocknen auf ausgebreitete Handtücher legen und glatt streichen. Mit Dampf auf Baumwollstufe bügeln.

TIPP

Diese Bildgestaltung macht sich auch gut mit Farben aus einer Farbfamilie wie zum Beispiel Grün- und Blautöne und dazu als Kontrast Pastellfarben oder Weiß oder die Farbkombination Rot, Orange, Pink und Gelb und als Kontrast dazu Schwarz.

Vorfilzteile und Wollgarnfäden geben die Musterung.

Punkte und Linien

Größe des Originals
75 x 80 cm
Schwierigkeitsgrad
◆

Den weißen Grund mit pastellfarbenden Flocken belegen.

Schlichte, aber farbkräftige Muster liegen auf.

Sanshivan

Dieses poetische Bild ist aus einem Hintergrund in hellen Pastellfarben mit einer Formenansammlung in gedämpften dunklen Tönen gestaltet. Schriftartig angeordnete Wollfäden vollenden die Komposition zu einem imaginären Gedicht.

MATERIAL

- Grundmaterial (siehe Seite 6)
- Kreuzpelzflor in Weiß
- Merinowolle im Kammzug in Weiß, Rosa, Zitrone, Lachs, Nachtblau, Hellblau, Olivgrün, Dottergelb, Orange gedämpft, Rosenholz, Kardinal, Maigrün, wenig Pinie
- Handgesponnene Wolle in Graublau oder Hellblau, Amethyst
- Nagelschere

SO WIRD ES GEMACHT

1. Als Erstes einen vierlagigen Vorfilz (siehe Grundkurs 5, Seite 11, unten) in den Farben Orange, Nachtblau, Hellblau, Kardinal, Rosenholz herstellen und in Kreise von 5 bis 12 cm Durchmesser schneiden.
2. Kreuzpelzflor von 90 x 90 cm auslegen. Allerfeinste Wollflocken in Hellblau, Dottergelb, Rosa, Zitrone, Lachs darauf auslegen. Weiße Wolle in zentimeterkurze Stücke schneiden, hauchfein über der gesamten Fläche verteilen, damit werden alle gelegten Farben aufgehellt.
3. Nun die Vorfilzteile auf der Fläche anordnen. Einige Wollfäden wie Tentakel um die Kreise, im rechten Bildrand wie zu einem Schriftzug anordnen. Fäden mit hauchfeinen Flocken in Olivgrün, Maigrün und Weiß belegen.
4. Farbakzente mit Pinie und Olivgrün setzen, nur hauchzart auflegen, in den Zwischenräumen der Kreise etwas dichter. Das fertig ausgelegte Bild ist auf der Abbildung unten links zu sehen.
5. Das Bild erst unter dünner Folie, dann mit den Händen anfilzen, bis die aufgelegten Fasern sich verbunden haben, den Rand dabei auslassen.
6. Bild mit Noppenfolie abdecken und wenden. Randfasern, wie in Grundkurs 1 Reibetechnik, Schritt 4 (siehe Seite 8) beschrieben, mitsamt der darunter liegenden Folie umschlagen, so dass gerade Kanten entstehen. Kanten anfilzen. Wieder abdecken, wenden, aufdecken.
7. Das Bild wie in Grundkurs 2 Rolltechnik (siehe Seite 9) mit Futterseide faltenfrei um einen Pfahl rollen, auf einem feuchten Handtuch hin- und herrollen, dabei ab und zu den Pfahl anheben und wenden.
8. Die Rolle öffnen, das Bild wenden. Mit heißer Lauge besprengen, wieder aufrollen und den Rollvorgang wiederholen. Das Bild ist fertig, wenn sich keine Fasern mehr aus der Oberfläche zupfen lassen.
9. Mit flach gehaltener Schere kleine Schnitte, die alle in eine Richtung zeigen, in die Flächen in Rosa, Lachs und Zitron schneiden, so dass die Farbflächen aufgebrochen werden. Dabei nur die Farbschicht schneiden, die untere, weiße Schicht sollte möglichst wenig angeschnitten werden. Noch einmal mit Lauge überfilzen. Kanten evtl. mit der Schere begradigen, mit seifigen Fingern überfilzen.
10. In der Badewanne in lauwarmem Essigwasser auswaschen. Zum Trocknen auf ausgebreitete Handtücher legen und glatt streichen. Mit Dampf auf Baumwollstufe bügeln.

TIPP

Wer es schlichter mag, legt den Hintergrund nur in Weiß und Gelb oder Weiß und Beige mit ein wenig Maigrün aus.

Die Vorfilzteile fügen sich passgenau aneinander.

Musterfelder in Erdfarben

Größe des Originals

70 x 100 cm

Schwierigkeitsgrad

◆◆◆

Sechs einzelne Bildelemente werden hier zusammengefügt.

Afrika

Dieses Bild ist inspiriert von afrikanischer Lehmmalerei. Dort sind es traditionell die Frauen, die verschiedenfarbige Erden sammeln und zum Teil einfärben. Der Farbbrei wird nach überlieferten Mustern mit bloßen Händen auf die Hauswände gestrichen.

MATERIAL

- Grundmaterial (siehe Seite 6)
- Merinovlies in Weiß, Goldocker, Mahagoni
- Merinowolle im Kammzug in Ziegel, Himmelblau, Umbrabraun, Rotbraun, Wollweiß
- Stecknadeln
- Transparentpapier und Bleistift
- 6 Bogen Papier à 30 x 30 cm

SO WIRD ES GEMACHT

1. Weißes Vlies in zwei Lagen zu einem Rechteck von etwa 75 x 105 cm auslegen (siehe Grundkurs 4, Abschnitt A und B, Seite 10).

2. Je einen etwa vierlagigen Vorfilz (siehe Grundkurs 5, Seite 11, unten) in den folgenden Farben und Größen herstellen: in Goldocker 50 x 30 cm, in Ziegel 50 x 30 cm, in Mahagoni 30 x 30 cm, in Himmelblau 30 x 30 cm, in Umbrabraun 60 x 30 cm, in Wollweiß 45 x 85 cm.

3. Die dem Text unterlegten Vorlagen abpausen mit dem Fotokopierer so lange vergrößern, bis die gewünschte Größe erreicht ist, oder frei Hand in Wunschgröße abzeichnen. Hier wurden einfach Papierquadrate von jeweils 30 x 30 cm mit diesen Mustern belegt. Jede Mustervorlage wird zweimal benötigt.

4. Jeweils ein Papierquadrat als Mustervorlage beiseite legen, das zweite in die einzelnen Musterteile zerschneiden, dabei jeweils die Vorderseite der Papierschablonen markieren. Die Papierschablonen mit Stecknadeln auf die Vorfilzstücke heften und entlang den Konturen die einzelnen Teile ausschneiden. Schablonen und Stecknadeln entfernen. Die Vorfilzmuster jeweils auf den vollständigen Papiervorlagen anordnen. Die Quadrate nacheinander auf dem Wollvlies auslegen.

5. Um die Musterung herum einen etwa 7 cm breiten Rand in Rotbraun legen. Den Rand in etwa vier Lagen auslegen, er soll die gleiche Stärke haben wie die Vorfilzmuster. Dabei die Wolle immer im Kreuz legen, hier abwechselnd als Flocke und Flockenabschnitt von 7 cm Breite (siehe Grundkurs 5, Seite 11). Flockenabschnitte stets aufgefasert über die Flocke legen. Ersatzweise kann ein Vorfilz hergestellt werden, der in Streifen geschnitten und dann als Rahmen aufgelegt wird. Das fertig ausgelegte Bild mit den einzelnen Vorfilzteilen und dem Rand aus geschnittenen Flocken ist auf der Abbildung unten links zu sehen.

6. Das Bild erst unter Folie anfilzen (siehe Grundkurs 1 Reibetechnik, Seite 8). Folie abnehmen, jede Naht einzeln anfilzen, dabei die Stücke gegeneinander reiben. Evtl. mit der Nadel richten (siehe Grundkurs 5, Schritt 3, Seite 11). Erst wenn sich die Fasern verbunden haben, darf das Bild gerollt werden, da sich sonst die Muster verschieben können. Verrutscht ein Muster, wird es mit einer dicken Nadel wieder in die richtige Position gezogen.

7. Das Bild auf dem Pfahl rollen (siehe Grundkurs 2 Rolltechnik, Seite 9), in Essigwasser auswaschen, glatt und gerade ziehen und trocknen lassen. Mit dem Dampfbügeleisen bügeln.

TIPP

Wenn Sie ein einzelnes quadratisches Element noch stärker vergrößern, können Sie daraus ein passendes Kissen anfertigen. Die Rückseite mit Baumwollstoff beziehen.

Das Schaumgummi-krokodil kreuzweise mit Wollflocken belegen.

Krokodile

Auch dieses Bild wurde nach Motiven afrikanischer Hausmalerei entworfen. Die Krokodile werden hier aber nicht aus Lehm, sondern Schaumgummi geformt, doch die Augen bestehen wie in Afrika aus Kaurischnecken.

Zwei Krokodile

Größe des Originals

100 x 120 cm

Schwierigkeitsgrad

◆◆◆

MATERIAL

- Grundmaterial (siehe Seite 6)
- Neuseelandwolle (1 A) im Vlies, kardiert, in Weiß
- Portugiesische Merinowolle im Vlies, kardiert, in Kastanienbraun
- Russische Wolle im Vlies, kardiert, in Hellbraun
- Mongolische Wolle im Vlies, kardiert, in Schwarzgrau
- La-Plata-Wolle im Band, kardiert, in Sandfarbe
- Merinovlies in Hellviolett
- Schaumgummi, 3 cm stark
- Transparentpapier, Bleistift, Filzstift
- 4 Kaurischnecken
- Bohrmaschine mit 1-mm-Bohrer
- Nähnadel und Nähgarn, farblich passend
- Schere, Klebefilm

SO WIRD ES GEMACHT

1. Weißes Vlies in zwei Lagen zu einem Rechteck von etwa 1 x 1,30 m auslegen (siehe Grundkurs 4, Abschnitt A und B, Seite 10).

2. Etwa zwei- bis vierlagige Vorfilze fertigen (siehe Grundkurs 5, Seite 11, unten), für die Umrandung aus mongolischer Wolle in Schwarzgrau von 135 x 45 cm, in vier Streifen von 9 bis 10 cm Breite schneiden. Zwei Vorfilze aus russischer Wolle in Hellbraun von etwa 40 x 60 cm und 100 x 15 cm herstellen. Den Vorfilzstreifen (100 x 15 cm) zu zwei etwa 5 cm breiten Streifen schneiden. Aus kastanienbrauner Wolle einen Vorfilz von etwa 40 x 40 cm fertigen. Die Vorfilze sollen die gleiche Stärke haben wie die dunkle Umrandung.

3. Die dem Text unterlegte Vorlage für die Raute abpausen und mit dem Fotokopierer auf 200 Prozent vergrößern und ausschneiden. Auf den hellbraunen und anschließend auf den kastanienbraunen Vorfilz legen und entlang der Vorlagenkontur zwölf Rauten zuschneiden. Die hellbraunen Rauten von Ecke zu Ecke halbieren, vier dieser Dreiecke noch einmal durchschneiden. Die dunklen Vorfilzstreifen für die Umrandung auslegen. Je sechs Rauten an den kurzen Seiten des Bildes auslegen und mit den Dreiecken ergänzen (siehe Abb. links unten).

4. Aus den Resten des Wollvlieses in Kastanienbraun vier Quadrate von 5 x 5 cm zuschneiden und in die Ecken legen. Mit den Streifen in Hellbraun ergänzen. Sechs Punkte von 2 bis 2,5 cm Durchmesser aus Vlies in Hellviolett auf den Rand legen.

5. Die dem Text unterlegte Vorlage für das Krokodil abpausen; die gestrichelte Bruchlinie mit übertragen. Die Vorlage wird nun in zwei Teilen vergrößert. Dazu erst die obere Hälfte der Vorlage bis zur eingezeichneten Bruchlinie auf dem Fotokopierer auf 200 Prozent vergrößern, dann mit der unteren Hälfte der Vorlage auf die gleiche Weise verfahren. Die beiden vergrößerten Vorlagenteile ausschneiden und an der Bruchlinie mit Klebefilm zusammenkleben. Die Vorlage zweimal auf Schaumgummi legen, die Konturen mit Filzstift übertragen, ausschneiden, die Kanten abrunden.

6. Die Krokodile auflegen, im Kreuz mit portugiesischem Wollvlies in Kastanienbraun bedecken. Das Schaumgummi soll nicht mehr hervorscheinen. Mit feinen Flocken russischer Wolle in Hellbraun quer Muster auflegen, dazwischen diagonal verlaufende Streifen mit Flocken in Hellviolett auflegen. Den Hintergrund des Bildes in einer Richtung mit La-Plata-Wolle in Sandfarbe belegen. Für die Stoßkanten an den Krokodilen und Rändern Stücke von 6 bis 8 cm vom Strang schneiden, auffasern und auflegen, so werden die Überstände brauner Wolle verdeckt (siehe Grundkurs 5, Schritt 1, Seite 11). Feinste Flöckchen in Hellbraun und Hellviolett auf dem Bild verteilen.

7. Krokodile mit Lauge befeuchten, mit dünner Folie abdecken. Folie anfeuchten, Wolle reibend andrücken. Folie abnehmen. Eine Schicht sandfarbene La-Plata-Wolle im Kreuz zur vorigen auflegen, wiederum mit geschnittener Wolle zu den Krokodilen hin ergänzen. Bis an die Schaumgummierhebung heranlegen, so dass scharfe Konturen entstehen.

8. Das Bild Stück für Stück in Reibetechnik (siehe Grundkurs 1, Seite 8) filzen, dabei mit den Krokodilen beginnen, bis sich die aufgelegten Fasern leicht verbunden haben.

9. In der Badewanne in lauwarmem Essigwasser auswaschen, trocknen, mit Dampf auf Baumwollstufe bügeln. Kaurischnecken auf der Rückseite knopflochartig anbohren und als Augen an die Krokodile nähen.

Fein geschnittene Flocken werden bis an die Krokodile herangelegt.

Ist der aufgelegte Vorfilz zu dick, an der Überlappungsstelle ausschneiden.

Muster auf Jutegewebe

Größe des Originals

66 x 98 cm

Schwierigkeitsgrad

◆◆◆

Die geometrischen Vorfilzmotive werden auf dem Jutegewebe verteilt.

Geometrie

Dieses Bild ist auf Jutegewebe gefilzt. Das Gewebe ist sehr griffig und verbindet sich zum Teil mit der Wolle. Der beigebraune Naturton sollte mit kräftigen Farben kombiniert werden, um dem Bild Spannung zu geben, hier im Siebziger-Jahre-Retro-Stil.

MATERIAL

- Grundmaterial (siehe Seite 6)
- Merinovlies in Blauviolett
- Neuseelandwolle (1 A) im Vlies, kardiert, in Weiß
- Merinowolle im Kammzug in Leuchtorange, Violettblau dunkel, Flieder
- Jutegewebe, 75 x 105 cm
- Nähmaschine, Stecknadeln
- Papier, je ein Bogen 45 x 45 cm, 35 x 35 cm, 25 x 25 cm
- Zirkel, Bleistift

Für die Aufhängung:

- Buchenholzstab, 10 mm stark, 67 cm
- Feinsäge, Schleifpapier
- Jutekordel, stark 2,5 mm (Paketschnur)
- Polsternadel, Nähgarn
- Evtl. Lochzange

SO WIRD ES GEMACHT

1. Aus dem Jutegewebe wie beim Hohlsaum immer vier Fäden in Längs- und Querrichtung herausziehen, so dass ein Karomuster entsteht. Die Aufteilung sollte nicht ganz symmetrisch sein, so entsteht mehr Spannung.

2. Das Jutegewebe auf der Nähmaschine mit Zickzackstich abnähen, knapp an der Versäuberungsnaht abschneiden, es sollte eine Fläche von 70 x 100 cm entstehen. Mit Dampf glatt bügeln.

3. Merinovlies in Blauviolett in zwei Lagen, wie in Grundkurs 4, Abschnitt A und B (siehe Seite 10) beschrieben, zu einem Rechteck von etwa 90 x 120 cm auslegen. Das Jutegewebe auflegen. Ringsum ist nur ein Rand in Violett zu sehen.

4. Je einen etwa vierlagigen Vorfilz (siehe Grundkurs 5, Seite 11, unten) in den folgenden Farben und Größen herstellen: in Orange 20 x 25 cm, in Blauviolett 45 x 45 cm, in Violettblau dunkel 25 x 35 cm, in Flieder 50 x 30 cm. Den orangefarbenen Vorfilz in ein Quadrat à 12 x 12 cm, zwei Quadrate à 5 x 5 cm und in Streifen von 2 x 12 cm und 2 x 28 cm schneiden. Den fliederfarbenen Vorfilz in Quadrate à 21 x 21 cm und 28 x 28 cm schneiden. Aus dem kleineren Quadrat mittig ein Quadrat von 12 x12 cm herausschneiden.

5. Für die Kreise mit Hilfe von Zirkel und Bleistift Schablonen aus Papier herstellen. Einen Kreis von 40 cm Durchmesser aufzeichnen, ausschneiden, den Innenkreis ausschneiden, dabei einen 6 cm breiten Rand lassen. Den Kreis mit Stecknadeln auf den Vorfilz in Blauviolett heften und ausschneiden. Zwei Kreise in Violettblau dunkel von 30 cm und 21 cm Durchmesser und 4 cm Randstärke gleichermaßen herstellen. Aus den Resten je ein Quadrat in Blauviolett und Violettblau dunkel à 5 x 5 cm schneiden.

6. Die geometrischen Figuren auf dem Bild auslegen. Die Überlappung über den großen Kreis mit Stecknadeln markieren, das Kreissegment wegschneiden, da das Bild an dieser Stelle sonst zu dick würde.

7. Das Bild mit heißer Lauge befeuchten, unter dünner Folie anfilzen, bis die aufgelegten Fasern sich leicht verbunden haben. Bild mit einer Folie bedecken und wenden. Randfasern wie in Grundkurs 1 Reibetechnik (siehe Seite 8) mitsamt der darunter liegenden Folie umschlagen, so dass gerade Kanten entstehen, anfilzen. Etwa 5 cm des violetten Randes sollen sichtbar bleiben. Wieder wenden, aufdecken, weiterfilzen, bis sich alle Fasern verbunden haben.

8. Das Bild evtl. im Pfahl rollen (siehe Grundkurs 2 Rolltechnik, Seite 9). Kanten mit der Schere begradigen, mit seifigen Fingern überfilzen. In lauwarmem Essigwasser auswaschen, trocknen, mit dem Dampfbügeleisen glatt bügeln.

9. Für die Aufhängung den Holzstab auf Bildbreite sägen, Sägekanten glatt schleifen. Das Jutegarn in die Polsternadel fädeln, mit Nähgarn so annähen, dass das Garn in der Nadelöse hält, restliches Garn abschneiden, gefädelt wäre es sonst doppelt, damit zu dick und würde sich nicht durch das Material ziehen lassen. Evtl. den Filz mit einer Lochzange vorlochen. Garn mit der Polsternadel in den Abständen der Karofelder durch den Rand nähen. So wird der Rand befestigt. An der Oberkante das Garn zu Schlaufen herausziehen. Holzstab durchschieben, Garn straffen. Garnschlaufen an den Ecken unsichtbar mit kleinen Stichen vernähen. Stab herausziehen. Bild unter Dampf bügeln. Stab wieder einschieben.

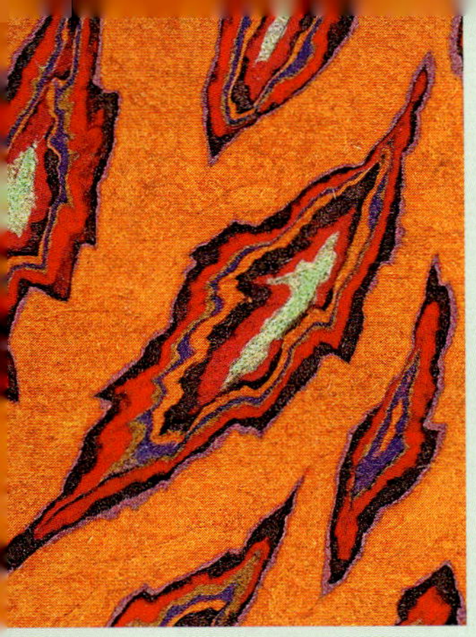

Beim Aufschneiden kommen die verschiedenen Farbschichten zur Wirkung.

Farbige Schichten

Größe des Originals

55 x 95 cm

Schwierigkeitsgrad

◆

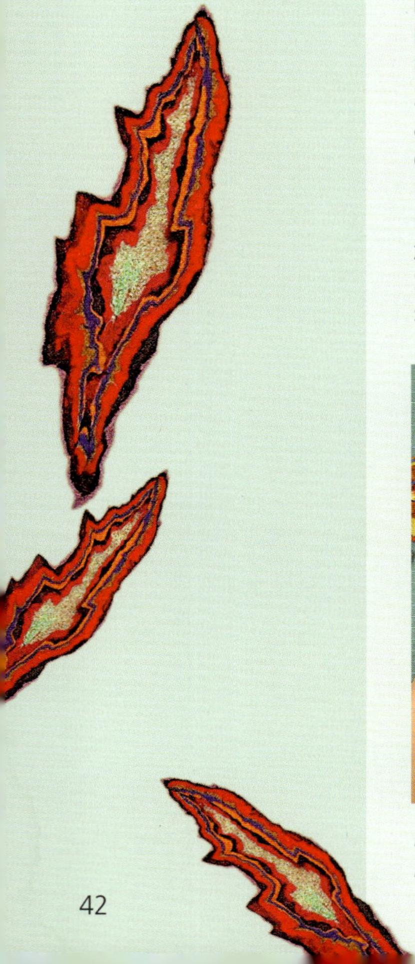

Mit der Flut

Ausgezupfte Wolle wird in vielen Schichten übereinander gelegt. Dabei sollen die Farben kontrastieren. Durch das Aufschneiden kommen die Schichten zur Geltung: Je dicker die Filzschicht, desto spektakulärer das Ergebnis.

MATERIAL

- Grundmaterial (siehe Seite 6)
- Merinovlies in Blauviolett, Goldocker, Karminrot, Amethyst, Helloliv, Fuchsie, Geranie, Fango, Kastanie
- Fleischklopfer oder Holzhammer
- Scharfe Haushaltsschere
- Nagelschere

Für die Aufhängung:

- Buchenholzstab, 15 mm stark, 61 cm
- Feinsäge
- Schleifpapier
- Marabu-Decormatt Acryl in Sand, Mittelbraun
- Pinsel

SO WIRD ES GEMACHT

1. Merinovlies in Helloliv in vier Lagen zu einem Rechteck von etwa 1,25 x 1,50 m auslegen (siehe Grundkurs 4, Abschnitt A und B). Darauf in gleicher Größe zwei Lagen Vlies in Fuchsie auslegen.

2. Weitere Lagen nicht über die ganze Höhe auslegen, sondern an der kurzen oberen Kante einen Streifen von etwa 10 cm freilassen: zwei Lagen in Kastanie, zwei in Goldocker, drei in Blauviolett, zwei in Fango, drei in Geranie, zwei in Kastanie, zwei in Amethyst, zum Schluss zwei Lagen in Goldocker als Deckschicht. (Eine dünnere Version: vier Lagen in Fuchsie, zwei in Goldocker, zwei in Blauviolett, zwei in Fango, zwei in Geranie, zwei in Goldocker als Deckschicht.)

Mit einer scharfen Schere verschieden tiefe Einschnitte machen.

3. Wolle mit Lauge besprenkeln, dünne Folie auflegen, Wolle flach drücken. Für die Aufhängung wird ein Tunnel eingefilzt (siehe Grundkurs 3, Abschnitt C, Seite 9): Einen Streifen Folie von 3 x 140 cm schneiden, auf den oberen (dünneren) Rand legen. Rand mitsamt der Folienunterlage etwa 10 cm umschlagen, so dass der Umschlag über dem Streifen Folie liegt. Randfasern anreiben, bis sie fest sind.

4. Das Bild in der Rolltechnik (siehe Seite 9) mit viel Druck und möglichst mit Hilfe filzen, zwischendurch immer wieder grob mit dem Fleischklopfer bearbeiten.

5. In der Badewanne in lauwarmem Essigwasser auswaschen. Zum Trocknen auf ausgebreitete Handtücher legen und glatt streichen.

6. Mit einer sehr scharfen Haushaltsschere und einer Nagelschere verschieden tiefe Einschnit-te machen. Dazu die Wolle wie eine Falte zwischen den Fingern anheben und hineinschneiden (siehe Abb. unten). Falls sich nicht alle Schichten gut verbunden haben, können sie mit Textilkleber verklebt werden. Trocknen lassen und weiterschneiden. Das Bild wird also erst fertig gefilzt und dann erhält es sein Muster. Nun mit Dampf auf Baumwollstufe bügeln.

7. Für die Aufhängung den Holzstab, auf die gewünschte Länge sägen, glatt schleifen und mit einer Mischung aus Sand und Mittelbraun anmalen und anschließend trocknen lassen. In den Tunnel schieben.

TIPP

Haben Sie versehentlich zu tief geschnitten, ein kleines Filzstück fertigen und rückseitig unter das Loch nähen. Das Bild auf eine dicke Nadelunterlage legen. Von der Oberseite wenig Wolle in den Schnitt legen, mit einer Filznadel innerhalb der farbgleichen Fläche annadeln.

Juggleballs

Dies ist eins der arbeitsintensivsten, dafür aber auch schönsten Bilder. Es wirkt allein schon durch seine Dreidimensionalität, hinzu kommt die Farbigkeit der Bälle, die alle eingefilzt und dann geschnitten sind. Hier können übrigens sehr gut Vorfilz- bzw. Wollreste verwertet werden.

Die halbierten Bälle werden mit der Rundung nach oben ausgelegt.

Bunte Bälle

Größe des Originals

60 x 170 cm

Schwierigkeitsgrad

◆◆

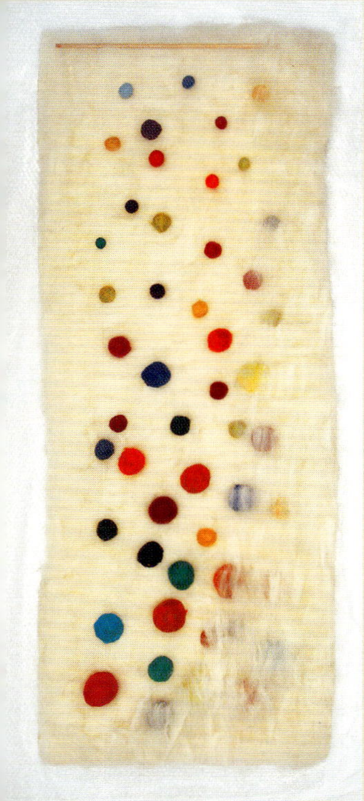

Die Bälle mit weißen Flocken deckend belegen.

MATERIAL

- Grundmaterial (siehe Seite 6)
- Neuseelandwolle (1 A) im Vlies, kardiert, in Weiß
- Merinowolle im Kammzug in Weiß und vielen verschiedenen Farben
- Fleischklopfer oder Holzhammer
- Scharfes Messer oder Cutter
- Nagelschere

Für die Aufhängung:

- Große Ösen, silberfarben, und Werkzeug zum Einschlagen
- Dicke Schrauben, silberfarben, mit Sechskantkopf und passende Dübel

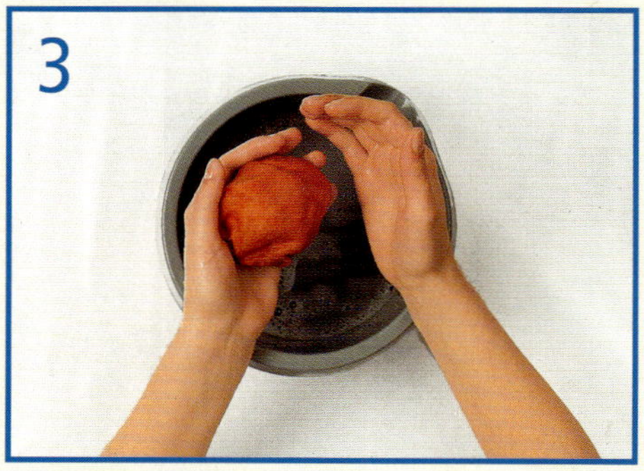

SO WIRD ES GEMACHT

1. Je Ball etwa neun Wollflocken bereitlegen. Einen Strang Wolle in Weiß anfeuchten und fest um zwei Finger wickeln (siehe Abb. 1).

2. Den nächsten Strang über Kreuz zum ersten wickeln, den folgenden quer zu diesem usf. Die Wolle immer möglichst fest aufrollen. Die Lagen zwischen den Wicklungen anfeuchten. Hat der Ball die gewünschte Größe – das Endmaß durch Zusammendrücken erfühlen –, werden farbige Flocken aufgelegt (siehe Abb. 2).

3. Den Ball kurz in die Lauge tauchen. Er fühlt sich jetzt noch ziemlich schwammig an. Den Ball in den Handflächen sanft, ganz ohne Druck, hin- und herbewegen (siehe Abb. 3), er sollte immer warm sein. Sobald er sich nicht mehr schwammig anfühlt, ausdrücken und trocknen lassen. Am einfachsten arbeitet man mit etwas Hilfe: Einer reicht mit trockenen Händen die Wollflocken an, während der andere die Bälle mit Lauge rollt; die Bälle jedoch nur leicht anfilzen.

4. Weißes Vlies in fünf bis neun Lagen zu einem Rechteck von ca. 70 x 210 cm auslegen (siehe Grundkurs 4, Abschnitt A und B, Seite 10). Bälle halbieren und auflegen, kleine Bälle im Ganzen auflegen. Weiße Flocken kreuzweise deckend über den Bällen auslegen.

5. Bild stückweise filzen, die Ränder dabei auslassen. Wenden, die Kanten durch Umschlagen begradigen. Bild in Reibetechnik filzen. Sobald sich das Material fest anfühlt, mit dem Fleischklopfer bearbeiten, vor allem die Bälle. Das Bild in ein Handtuch wickeln und mit Druck rollen.

6. Das gewaschene und getrocknete Bild mit dem Bügeleisen dämpfen, die feuchten Teile dehnen und schieben, bis das Bild gleichmäßige Kanten hat. Mit zwei Helfern die Rückseite dämpfen: Zwei halten das Bild stramm gespannt, während einer die Rückseite dämpft. Auf Handtücher legen, trocknen lassen.

7. Die weiße Deckschicht von den Bällen schneiden. Bälle kreisend mit Dampf bügeln.

8. Für die Aufhängung die Ösen nach Packungsanleitung anbringen. Schrauben in die Wand dübeln, das Bild an den Ösen anhängen.

Impressum

Entwürfe und Realisation:
Anne Pieper
Redaktion:
Anke Sturm
Lektorat:
Regina Sidabras, Berlin
Fotos und Styling:
Uwe Stratmann, Anna Wittmer, Wuppertal
Umschlaggestaltung:
Dirk Beestermöller
Layout:
Dieter Richert, Freiburg/Köln
Reproduktion:
Baun PrePress, Fellbach
Druck und Verarbeitung:
Printer Portuguesa, Mem Martins, Portugal

ISBN 3-89858-797-5
ISBN 978-3-89858-797-5
(gültig ab 1.1.2007)

Danksagung der Autorin

Vielen Dank für die wunderbare Merinowolle und das farbige Merinovlies an Sonja Fritz, Fa. Wollknoll und Friedrich Traub, Fa.Traub-Wolle.
Vielen Dank für die Merinowolle im Kammzug, die Noppenfolie, die lüstrierte Kordel an Pieperdesign.
Herzlichen Dank an Opitec für die Holzstäbe und die Feinsäge, an Wollknoll für die hautfreundliche Olivenseife und die Filznadeln.
Lieben Dank an Zwilling Henkels für die superscharfen Scheren, an Suhrig für die Essigessenz zum Auswaschen, an die Dalli-Werke für die Schmierseife.
Dank an Svenja fürs Händchenhalten (Handfotos). Noch mehr Dank an meine nimmermüden Freundinnen Andrea Fischer, Constanze von der Mark und Sonja Borner, die mit großem Einsatz geholfen haben, die Bilder und damit das Buch termingerecht fertig zu stellen, und sogar während meines Urlaubs in der Werkstatt geschuftet haben. Mädels, Ihr seid klasse!
Lieben Dank an meine Freundin, die Dekorateurin Verena Schröder, in deren Werkstatt wir die Bilder mit Volldampf gebügelt haben. Auch die Aufhängungen und anderes wurden hier geplant und verwirklicht. In ihrer Wohnung lagen alle 17 Bilder zum Trocknen aus.

Farben und Lacke:
Marabuwerke GmbH & Co.
Asperger Str. 4
71732 Tamm
www.marabu-kreativ.de